増補改訂版

生きること、
それがぼくの仕事

沖縄・暮らしのノート

著 野本三吉
sankichi NOMOTO

社会評論社

はじめに

ぼくがはじめての著作『不可視のコミューン』を社会評論社から出版してもらったのは一九七〇年。まだ二〇代であったぼくは、どのような社会を目ざして生きたらよいのか迷っており、教師の職を辞してフリーの身となりリュック一つで日本列島を歩き廻ったのであった。あれから四〇数年が経過し、ぼくも七〇歳を越えた。

しかし、時代はますます混迷し、先の視えない不安が拡がっている。

ぼくはこの三月末で再び教員生活をやめ、一人のフリーの市民として生きたいと思っている。

かつて青年時代にフリーになったぼくは日本各地の共同体を巡り歩き、最後に沖縄に辿り着きイメージとしての「コミューン社会」を展望するようになった。

その後、暮らしの現場、暮らしの底辺と関わりつつ人々が何を求めているかを知るため、日雇労働者の街や、児童相談所のソーシャルワーカーとして働きつつ、日雇労働者や子ども達、若者たちの生きている現実を記録することになった。

その中から、他者と共存しつつ、生きていく社会像が少しずつイメージできるようになってきた。しかし時代は、資本主義社会の矛盾を露呈しはじめ、人間関係は断ち切られ、他者を使い捨てる社会へと急激に変化しはじめていた。

そんな中でさまざまな市民活動に参加していくことにもなったのだが、大きな流れの中に捲き込まれ、ぼくは思いきってかつて「コミューン社会」の原型と思えた沖縄に行くことに決めたのであった。二〇〇二年のことである。それから既に十年余の歳月が流れた。

沖縄は近現代史の中で、日本、アメリカによって度重なる重圧と構造的差別を受け続けてきている。しかし、暮らしの上にしっかりと足をつけ、人と自然との関係を継いでいる人々の生活が沖縄では現在も息づいている。

二〇一四年一月一九日、この日は名護市の市長選挙であった。辺野古の軍事基地化に反対し、名護の自然と暮らしを守るという主張に多くの市民が賛同し、軍事基地化を進める国に対して「ノー」をつきつけたのである。自分たちの暮らしは自分たちでつくりあげていくという住民自治の魂が確かに生き続けている。

ぼくは、こうした名護市民にまた沖縄の人々に未来を感ずる。

ぼくもまた、暮らしに足を付け、確かな歩みを続けたいと思っている。

このような時に、再び社会評論社から本書を出版していただき、二〇代の時の感覚に戻り、一人の生活者として、生きていくつもりである。何事も個から始まる。自からの足下を掘り続け、仲間と共に生きぬいていきたい。「生きること、それがぼくの仕事」という確かな自覚を胸に。

では、いのちあらばまた他日。固い固い握手を。

生きること、それがぼくの仕事*目次

I 共存と生命力

生きること、それがぼくの仕事 …… 10

「林住期」を生きる 10／生きること、それがぼくの仕事 15／パーフェクトアマチュアとして生きる 20

キミよ、歩いて考えろ …… 25

戦後六十一年の夏 25／「子ども学」は「未来学」26／ワーキングプア 28／シマビトとして生きる 29／人生は、ただ一度 30／父母の思い、若者の夢 32／何度も泣いた新郎 33／六十五歳の誕生日 34／キミよ歩いて考えろ 36／さあ、一緒に歩き出そう 37／生きていくために何が必要か 39／水たまりがつながり合い海になる 47

叛逆する神々――人類滅亡史序曲 …… 54

地震がよびさますもの 54／「神」とは「自然」の別称である 61／「神の

姿がわたしの闇の中にあらわれた」 64／神々の叛逆の狼煙 66／自分の始源的生命をとりもどす 69

II 子どもといのち

子どもにとっての憲法・教育基本法 …… 74
文部省がつくった『新しい憲法のはなし』 74／「役人が守るのを俺たちが監視するのだ」 77／地域の学校を変えていく 80
「子どもの島・沖縄」への夢 …… 83
あの日、世界は変わってしまった 83／沖縄戦を生きた子どもたち 86／「子どものまち」宣言からの出発 90
学び合いの環境をどうつくるか …… 94
学力は経験の総体によって形成される 94／学力の構成要素とそれを支えるもの 96／学力の二極化現象とその克服 97
生きている実感 …… 100

泣いた、笑った、うまかった水……あの気持を思い出そう 100／一つ一つまねしていくこと、それはいちばん大事なこと 102／自分という人間も、名前も、世の中には一つしかない 104

〈子ども〉という宇宙と出会う旅……106

〈いのち〉生まれ出るとき～戦争といのち、戦争と子ども 106／〈子ども〉と出会うとき～子ども臨床学 108／地域で育つ子ども～子ども風土論(1) 111／ニライカナイ、オキナワの源流～子ども風土論(2) 114／〈こども〉という宇宙と出会うとき～子ども未来学 116／『出会い』の感動を子どもたちに 119

III　時代の記録

時代に向かい合う精神──記録文学の祖型を掘る……124

生きること・記録すること 124／底辺ルポルタージュの担い手たち 126／記録文学の可能性──横山源之助 129／底辺記録文学──時代と向かい合う精神 131

記憶を掘りおこす旅――個人史を越えた基層文化へ……134
記録することの意味 134／出会うこと、聞くこと 139／人類の「無意識」(沖縄)との出会い 145
時代を記録し創造すること……154
手触りの世界への回帰 154／フクシマ、水俣、沖縄の回路 160／世相を記録し、創造するサークル 165

Ⅳ 信頼と生活力

生きぬくこと、それが君の仕事……172
社会人基礎力とは何か 172／聴こえないから感じられる 177／生きる能力、生きぬく能力 182
信頼できる社会は可能か……187
他者を信頼することは可能か 187／信頼できる社会関係は可能か 192／信頼できる共同体社会は可能か 197

安心・安全・信頼の構造 …… 202
非常時と安全性の関係 202／外部依存社会と安全性 207／安心・安全を脅やかすもの 212

100人の村に、たった一人の大学生 …… 217
はじめに 217／大学に入学したときの記憶 219／教育が時代をつくる 221／学校の方法論、その原型 224／新米教師の四年半 227／自分を探す旅、出会いの旅 229／沖縄大学の教員としての学び 231／子どもフィールドワーク序説 234

［最終講義］**生活の思想・野本三吉という生き方** …… 238

増補改訂版へのあとがき …… 284

野本三吉（加藤彰彦）著作一覧 …… 286

I

共存と生命力

生きること、それがぼくの仕事

「林住期」を生きる

かつて秋田県で高校教師をしていた白鳥邦夫さんを中心に「山脈（やまなみ）の会」という「生活記録」の会がつくられ、全国各地を会場に二年に一度、全国集会が開かれている。白鳥邦夫さんは数年前に亡くなられたが、現在もこの会は継続され雑誌『山脈』が発行されている。

白鳥さん達の世代は、学徒動員で戦場に送り込まれ、多くの学生が尊い生命を失った。九死に一生を得て戻ってきた学生たちは、戦争のない時代をつくるために、自分の身近な生活を記録し、互いの生き方を交流する中で、一人ひとりが安心して生きていかれる時代づくりを目指していた。

ぼくも二十代の時、この「山脈の会」を知って参加して以来、二年に一度の集会を楽しみにするようになった。

ひとことでは言い表わせない「山脈の会」は、次のような約束からスタートしている。

「〈山脈の会〉の約束

〈山脈の会〉は、日本の底辺の生活と思想を掘りおこして、それを記録します。

そのために、次のことを約束します。

一、雑誌〈山脈〉を定期的にだします。

二、会員は、会費を納めます。

三、三人以上の会員がいるところは、〈山脈の会〉を作ります。

四、編集部を、秋田県能代市畠町能代高校、白鳥邦夫方におきます。」

これがすべてであり、これだけであった。そして、キー概念である「底辺」についての議論がくり返されている。「反体制側のすべてのもの」「ジャーナリズムがとりあげない日本の真実とその思想のすべて」「底辺とは私の内部にあるものだ。自分を掘りおこしながら、それを祖国にまで拡大するもの」「君は君の足下を掘れ、ぼくはぼくの足下を掘る」……こうした議論を受けとめながら白鳥邦夫さんはこうまとめている。

「地域＝底辺＝現場を掘りおこし切崩すことによって、日本全体に連なる方式。祖国を底辺において奪取し先取する方式である。」（『無名の日本人』白鳥邦夫著、未来社、一九六一年刊）

この山脈の会にはじめて参加した時、ぼく自身は日本列島を放浪して歩いていた時で無職であった。二十代後半のぼくは、これからどう生きたらよいのか悩んでいて、この集会の中で「底辺・現場・地域に生きる」という考え方がスッキリと心に浸み込んできたのを覚えている。

「現場の思想、底辺を掘る思想」というのは、当時のぼくに響く言葉であった。

ぼくは、どこかにシッカリと足を降ろし、その日常を生き、そして記録をしたいと考えるようになり、三十歳の時、横浜の日雇労働者の街、寿町で生活相談員（ソーシャルワーカー）となったのであった。


日雇労働者の暮らす地域は、当時は東京の山谷、大阪の釜ヶ崎そして横浜の寿町が知られており「三大ドヤ街」と呼ばれていた。

ぼくはその街の中心にあった「寿生活館」（横浜市立）の一人の職員として採用され、この街のドヤに住み、寿町の人々と一緒に暮らしながら個人通信「生活者」を毎月発行することになった。


戦後の経済成長の中で産業予備軍として使い捨てられていく日雇労働者の日常と触れ合いつつ、そこで見たこと聴いたことを記録し、なおかつぼく自身の思いをも書き続けていくことは、その後のぼくの原点になったと思っている。

この街での記録は、後に『裸足の原始人たち』『風の自叙伝』（新宿書房）としてまとめられていくのだが、底辺を記録し、掘りおこしていくことの大切さを、ぼくに教えてくれた現場であった。

寿町での暮らしが十年たった頃、雑誌『山脈』で「四十歳になったので、これまでの半生を振り返り、今の思いを語り合ってみよう」という企画で「四十歳を語る」という座談会が行われた。

会場は、新宿二丁目にあった沖縄料理店の「慶良間」の二階。ジャーナリストの木村聖哉さん（「話の特集」編集者）、荒谷誠さん（「文藝春秋」編集者）、吉田貞子さん（「思想の科学」編集者）とぼく（寿生活館職員）。そして司会は、ぼくらより七歳若いジャーナリストの重永博道さん（「山脈の会」編集者）。

この時の話し合いは予想をこえて盛り上がり、可能であれば十年後にもやろうということになり、「五十歳を語る」「六十歳を語る」と続き、昨年は沖縄で「七十歳を語る」が行われたのであった。

この間、時代的にも個人的にもさまざまなことがあったが、十年を節目に七十歳まで語り合えたことは得難い体験となった。

この日、ぼくは五木寛之さんの『林住期』（幻冬舎、二〇〇七年刊）という本を読んで参加した。インドでは、人生を大きく四つの時期に分け、それぞれの課題を示している。

〇歳から二十五歳までが「学生（がくしょう）期」。この時期は青春期。二十五歳から五十歳までが「家住（かじゅう）期」（朱夏）。五十歳から七十五歳までが「林住（りんじゅう）期」（白秋）。そして七十五歳から百歳までが「遊行（ゆぎょう）期」（玄冬）となる。

これを、それぞれ「青年」「壮年」「初老」「老年」と転訳してみると、「学生期」「家住期」が人生の前半期となり、「林住期」「遊行期」は人生の後半期となる。

五木寛之さんはこの本の中で、「その人生の後半に、いま私は注目する。人生のクライマックスは、じつはこの後半、ことに五十歳から七十五歳までの林住期にあるのではないかと最近つくづく思うようになってきたからである」（『林住期』一四頁）と書いている。

一般的に定年まで、つまり六十歳までは働くことが目的となっている。家族のため企業や社会のために働くことが人生の目的のようになって生き続けてきた六十年。

しかし、人間は何のために働くのかと五木さんは問いかけている。やはり生きることが目的で、働くことは手段なのではないか。

六十歳を還暦という。六十一歳になると再び生まれた年の干支《えと》に戻るという意味である。

本当に自分は何がやりたかったのか。

本来の自分を見つめるユトリもなく仕事に追われて生きてきた人生から、少し外れてみる。さまざまな雑事から離れて、いわば「出家」をしてみる時期。

人間関係も、地域や仕事の関係も簡素化し生きてみる時期が「林住期」ではないか。

五木寛之さんは、「学生期」は準備の時期。学び、経験をつみトレーニングを重ねる時期。

そして「家住期」は、勤労の時期。社会人としての責任を果たし、家庭人としての業務を果たす。いわば働き盛りの時代。

それに対して「林住期」は、必要ということから遠く離れる時期ではないかと五木さんは言う。本当にやりたいことがやれる時期、それが「林住期」だと言うのだ。

ぼく自身、昨年七十歳になり、今年は七十一歳になる。本当に信じられない年令になったのだが、やはりスピードはなくなったし、判断力もユックリになった。

今の自分に納得できる生き方、リズムがあるということはよくわかる。

一九四五年の日本人の平均寿命は四十九歳。現在は、男性七十八歳、女性八十五歳。だとすると七掛けか八掛けが昔の年令と合うかもしれない。例えば七十歳は八掛で五十六歳。そろそろ、林住期かなアと思う。

ぼく自身は、これから林住期の人生が始まるという期待の中で生きたいと思うようになった。

生きること、それがぼくの仕事

やはり人生には、前半期と後半期があるような気がする。人生の前半期は世の中のことが知りたくて、未知の世界へ飛び出していき、さまざまな経験を重ね、自分の世界を拡げていく。

二十代のぼくは、一度勤めた小学校の教師をやめて、約四年間日本中を働きつつ歩いた。可能であればその頃は世界中を歩きたいと思っていた。

当時は、小田実さんの『何でも見てやろう』という本は憧れの本であった。

北海道から沖縄まで旅をしつつ出会った人々、体験したことは今も、ぼくの貴重な財産となっている。

そして、三十代の十年間は、横浜の寿町でドヤ街に住み込んでのソーシャルワークの仕事に没頭した。

身体一つで日雇労働に従事しなければならない人々の悲しみとつらさ。家族や職場と離れ孤独の中で生きなければならない男たちの暮らし。

人は何のために生き、働くのか。

この街でぼくは深く考えさせられた。

不況で食べるものも買えない中で、炊き出しをし、寿生活館を開放して無料の宿泊所としたこと。路上で寝ている人たちをパトロールして声をかけ、病院へ運んだり、生活保護の申請をしたのも寿町での体験である。

世の中には、一部の恵まれた階層の人々と、平凡な暮らしをする人々、そして社会の底辺で生きていくのもやっとという状態で暮らしている人々が存在するという現実。

こうした歴史は、資本主義の発生と共に生まれ、その格差は拡大しつづけていることも知ることができた。

そして、こうした底辺の路上生活者を襲う少年たちが、殴る蹴るの暴力をふるい、野宿をする労働者を殺傷してしまう事件とも出合うことになる。

一九八〇年代のことである。

路上生活者を襲ったのは、学校生活の中で居場所のなくなっていた少年少女たち。

家庭にも学校にも受け入れてもらえなかった少年少女たちは、同じ境遇の仲間たちと集まり、親や教師たち（おとなたち）への不満や怒りを、社会から排除されていた路上生活者にぶつけていたのだった。

この頃、学校に行けない子ども達や、不満や悲しみを、いじめや反社会的行動の中で発散させていた子ども達が激増し、社会問題となっていた。

子ども達を受け入れず、排除していく学校からはみ出し、自分の世界に閉じこもっていく子ども達。逆に社会へ不満をぶつけていく子ども達。

ぼくは四十代の十年間を、横浜市の児童相談所の児童福祉司（ケースワーカー）として過ごすことになった。

社会からはじかれた少年少女たちは、彼等なりの「たまり場」で互いの傷をいやし、自分たちの声を聴いてほしいと悲鳴をあげていた。シンナーに溺れ、暴走族に参加し騒ぎ、そして一人で泣いていた。

四十代のぼくは、こうした少年少女たちを受けとめる「居場所」づくりに奔走していた。子ども達は、みんな何かやりたいと思っていた。力もあった。自分を認めてほしかったし、やれることを必死で探していた。

休日も夜もなく、ぼくは子ども達と会い、話を聴き続けた。子ども達のエネルギーを軸にした新たな「地域づくり」が行われないと膨大な少年少女の力が活かされないと思った。

四十代の後半、ぼくは過労で体調を崩し、重いものを持って走り廻っていたので腰も痛めてしまい、現場での第一線の仕事はかなりきつくなっていた。

そんな折り、横浜市立大学の教員になってみないかと勧められ、思いもかけず五十歳で大学の教員となり、社会福祉を担当することになった。それからの十年、横浜という街そのものが現場となった。

社会福祉は、人間が生きていく上でのセーフティーネットをいかにつくりあげるかという理論と実践を内容としていた。

子どもから高齢者まで、病気や障がい、家族福祉、地域福祉、ボランティアの養成、マイノリティの人々への支援、失業などの危機管理。フォローすべき内容は生活全般にわたった。社会福祉施設やオンブズマンによる対応など、この十年間は生活全般についての現状と制度を知ることで夢中だった。

この十年で、ぼくのたどりついた結論は「社会福祉とは、社会問題の解決学だ」ということだった。生活上の諸問題をどう解決していったらよいのか、それをそこに住んでいる市民と共に考え実践する「問題解決学」こそ、全ての市民が学ぶべき共通の知識だと思った。そのため、大学の周辺の市民の方々とさまざまな団体やサークルをつくり、市民の力で協力して解決していく実践を進めていった。子ども達のフリースペースづくり、精神障がい者の地域作業所づくり、福祉オンブズマンづくりなど、大学と地域、行政や社会福祉協議会、自治会などとネットワークを形成することに動き廻った。

したがって、学生たちも地域活動に参加し、その中で成長し、実践力、生活力をつけていったと思う。

結局、社会福祉の現場から大学に移ったけれど、社会福祉とは実践的学問であり、ネットワークも拡大し、活動の量も質もより一層拡がっていったという気がする。

気がつくと、ぼくも六十歳に近づき、このままでよいのかと考えるようになった。その頃の一つの結論は、時代がどんどん専門分化することへの危機感があった。

人間が生きていることは、一つの総合された世界で、一つ一つが細分化され、個別化されるものではない。

どれもがつながり合い、関係の中で生活も維持されている。だとすれば、生きていることを分けるのではなく、そのままに共有することが自然なのではないかと気付かされたのである。いつのまにか専門分化され、その専門家でなければわからないことが多くなりすぎてしまい、自分たちで解決できなくなってしまっている。また組織も制度も巨大化し、アクセスすることもできない。

もっともっとぼくらは素人性を大切にし、お互いに助け合い、学び合いプロに依存するのでなく、仲間同志で解決できる力、自己解決の力をつけなければいけないということにも気付かされたのであった。

プロからアマチュアへ。巨大なものから身近かな、より小さな関係の世界へ。

複雑なものからより簡単でシンプルなものへ。早さよりもユックリ、着実なものへ。遠くまで行くより、近くで解決できる世界へ。

それは、生きるということも、もっともっと身近なところへ取り戻すことになる。生きること、生活すること、暮らすことは少しも難しいことではなく、誰にでも出来ることであったはず。食べものを探し料理をし、家を直し、ケガの手当てをする。暮らすことには生きていく上での全てが含まれており、総合的なものである。

政治も経済も法律も、医療や教育そしてスポーツや芸能、文化もみんな生活の中に含まれている。したがって、そこでやっている料理も掃除も子育てや介護も、みんな仕事といっていいという気付きが生まれてきたのであった。生きていれば、人とも自然とも関係が生まれる。その関係、交流もすべて実は広い意味の仕事なのではないかということ。

つまり、生きていることが、ぼくにとっても仕事なのだという気付きが生まれてきたということ。だとすれば、ただただ生きればよい。それが全てなのだと思えてきた。

パーフェクトアマチュアとして生きる

ぼくは思いもかけず、五十歳の時に大学の教員となり、大学で講義をし学生と一緒に学んできた。けれども、横浜市立大学での十年間は、地域の市民との共学共育の十年であったという実感が強い。

地域・現場・底辺とつながりながら、その歴史と現状、将来への展望を一つ一つ整理をしてきたという気がする。

横浜市立大学時代にまとめた『社会福祉事業の歴史』（明石書店）、『近代日本児童生活史序説』（社会評論社）、『子ども観の戦後史』（現代書館）などは、こうした市民との連がりの中でまとめたものだ。

そして、六十歳でぼくは大学もやめ、一人の市民に戻るつもりでいたのだが、その時に世界貿易センターの爆破事件が起こった。

これまで人類が次々とつくりあげてきた近代文明が崩れていくような予感の中で、もう一度、生きものの原点、人類史の原点に戻って自分の生き方を問い直さなければいけない、そうぼくは直感したのだった。

そして二十代の時に足を運んだ沖縄に住み、そこでどう生きたらよいのかをもう一度ジックリと考えたいと思った。

それが六十歳で沖縄へ移り、沖縄大学の教員になった動機である。

沖縄で暮らすようになったら、沖縄の自然と島の暮らしの中で、自分の中の世界と向き合いたいと思っていた。

内なる世界、内なる現場（底辺）と対話をし、生きる原点と出会いたいと思っていたのであった。

沖縄では五年の歳月をかけて四十五の離島を歩いた。その成果が『海と島の思想』（現代書館）である。

ぼくは、できればもう一歩先にまで踏み込みたいと思っていた。それは離島の一つに住み、数年間暮らすという夢であった。

大学の定年は六十五歳なので、六十五歳でやめ、島暮らしを考えていたのだが、新しい学科をつくる作業に関わり、結果としてその後、数年間を大学の教員として過ごすことになり、大学での運営の仕事も担当することになってしまい、その夢が果たせないまま現在に至っている。

さらに昨年（二〇一一年）三月十一日に東日本大震災が起こり、福島原発の爆発という大事故も起こってしまった。

言葉も失ない、何も語れないままの日が続き、七十歳を迎えたぼくは「山脈の会」の「七十歳を語る」の座談会に参加し、人生の「林住期」に入りつつあるなとハッキリと感じていることを実感した。

ぼくは一九四一年生まれ。あの時代から科学技術も機械もドンドンと進み、携帯電話やテレビ、ビデオ、パソコンと機器類は進化し、ぼくはとても追いついていけない。

原稿も手書きだし、講義のレジュメも今も手書きを印刷して使っている。

これまでは、現代文明に追いつかなければといろいろ挑戦してみたのだが、パソコンの前に坐るだけで頭が痛くなってしまう。また、自動車の運転免許を取るために講習会にも通ったが路上運転の時、ぼくにはできないと考えてやめた。

とても機械文明についていけないのだ。

それで今では、ぼくのからだの反応に合わせて生きようと決めた。

来年（二〇一二年）三月で、ぼくの任期は満了になるので、大学もやめることにした。

そして、自分に出来ることを、自分のペースとリズムでやっていくことにした。

原子力発電所というとてつもない巨大施設をぼくのからだは受けつけない。

沖縄の軍事基地もオスプレイも、ぼくのすべてが拒否する。自分の身の丈にあったものを使い、自分の納付のいくやり方で生きようと決めた。

ぼくが今一番やりたいのは、一人ひとりの生きてきた人生をまとめていくお手伝いをしたいということである。

哲学者の森信三さんが、かつて『学問論』をまとめられたのだが、そこには学問とは研究者や大学教授だけがするものではなく、生きてきたすべての人が学問をしていると書かれていた。農民も豆腐屋も、大工もみな生涯をかけて生きてきたので、その人生の締めくくりに自分のやってきたこと、人生を一冊の本にして「自分史（ライフ・ヒストリー）」をまとめ、後世の人のため、子ども達のためにも残すべきだといっていた。

それが、その人の学問。学問はすべての人がやっており、自分史としてまとめることがその集大成だというのだ。

そのことが、ぼくにはよくわかるようになっている。ぼく自身も、両親のところからはじまるぼく自身、子どもや孫まで続いてきた歴史を、ぼくがどのように見、感じてきたのかをまとめておきたいと考えているが、同じ時代を生きてきた方々の一人ひとりが、それぞれの個性的な自分史をまとめてほしいと思っている。

誰にとっても、その固有の人生は一回しかない。その人生をまとめておくこと。それは生きてきた人にとって、一つの責任のような気もする。人生という長い大学生活の締めくくりの「卒業論文」のようなもの。

そのお手伝いをしたいと考えている。「自分史（ライフ・ヒストリー）研究所」それが、ぼくの七十歳からの夢の一つである。

誰にとっても、固有の人生は大切な宝。

自分の人生のことを一番よく知っているのは自分自身。そのやり方もプロ（専門家）でなくてよい。その人の納得できるやり方で、写真や手紙、日記をつけまとめてみたらよい。ほくの人生観は「生きること」のアマチュアとして精一杯、自分らしく生きたいというところへ落ちついてきた。可能ならパーフェクトアマチュアとして人生を完うしたい。

（初出：『公評』二〇〇一年九月号）

キミよ、歩いて考えろ

戦後六十一年の夏

快晴の六月二十三日。この日ぼくは大学で仕事をしていた。正午、学生たちと起立し黙祷《もくとう》をする。沖縄の島々すべてが動きをとめ、静寂が全島を覆う。

六十一年前の三月十日、ぼくの妹は東京大空襲で亡くなった。まだ一歳に満たない色白の妹であった。今年、東京都から「東京空襲犠牲者を追悼し平和を祈念する碑」(墨田区)に名前が納められたと連絡があった。

翌二十四日、ぼくは沖国大で開かれた「大学人9条の会」のシンポジウムに参加した。この集会でぼくは、戦後すぐに教科書として使われた「あたらしい憲法のはなし」(一九四七年刊)を紹介した。この中で日本は二つのことを決めたと書かれている。

一つは、およそ戦争をするものはいっさいもたないということ。もう一つは、けっして戦争によってじぶんのいいぶんをとおそうとしないこと。なぜなら「いくさをしかけることはけっきょくじぶんの国をほろぼすことになるから」。そして「じぶんの思うことを言い、じぶんのすきな所に住み、じぶんのすきな宗教を信じ、能力に応じて教育を受け、政治に参加すること」など、基本的人権を保障することで「自由」「平等」「平和」が実現すると書かれている。

新生日本のスッキリしたイメージに満ち満ちた文章である。この雰囲気の中で、ぼくらの世代は育ち、そして六十代を迎えている。

ぼくにも、五歳と二歳になる孫がいる。この子たちに同じような経験はさせたくない。世界各地での戦争のニュースは他人事ではない。群れて遊ぶ子どもたちの笑顔。その実現に向けて精いっぱいの力を注ぎたい。戦後六十一年の初夏、ぼくはそう決意している。

（初出：『琉球新報』二〇〇六年七月五日）

「子ども学」は「未来学」

琉球放送（ＲＢＣ）から連絡があり、七月上旬の「月曜フォーラム」に出演した。テーマは「いま、子どもたちは…」でコザ児童相談所の島袋裕美所長、精神科医の真泉文江さんと三人での座談会があった。

今の子どもと二十年前の子どもはどう変わったのかという話になった。

そのころから少子化社会となり、子どもの習いごとや塾が多くなった。少なく産んで手厚く育てる傾向になったわけ。

その結果、子どもは忙しくなった。子どもへの期待も大きく過重になり、子どもにはストレスが蓄積されていく。遊ぶ時間も減り、友だちも少なくなった。

家族団らんから個室（子ども部屋）での生活が多くなり、集団生活から個人生活へとライフスタイルも変化した。さらに他者との比較や競争も強まる。みんなと同じであることが求められ、外れる「不安」が定着する。

テレビやビデオは一方的に情報を流すのみ。双方向の対話が少なくなり自己中心的で受け身の生き方が浸透する。テレビは第二の親として子育てをしてきたのかもしれない。

現在、保育から大学まですべてを公立に通わせたとしても二千六十万円はかかる。そんな中、就労補助費や教育費、社会保障費なども削られ、経済的な不安も大きくなっている。フィンランドではすべての学費が無料。

少人数制が実現し、競争ではなく共生の学びの空間として学校が存在する。いま親も子も不安とストレスの中で、さまざまな事件が続発している。本気で子育てを考えないと沖縄は危ない。

子どもは未来そのもの。「子ども学」は「未来学」、そんな気がする。

（初出：『琉球新報』二〇〇六年七月一九日）

ワーキングプア

ＮＨＫのドキュメンタリー番組で「ワーキングプア」を見た。
働いても働いても、どんなに頑張っても報われず、暮らしていくことすら危ぶまれている「ワーキングプア」と呼ばれる貧困層が、今、急激に増えているというのだ。

一生懸命働き、誠実に生きているのに生活保護生活の水準以下での暮らししかできない家庭が、日本の全世帯の十分の一、つまり四百万世帯はいると推計されている。

一世帯二―五人と考えても、ざっと一千万人という膨大な数だ。

都会では「住所不定無職」の若者が増えている。高校や大学を卒業し、上京してきた若者が路上生活をせざるをえない現実。正社員にはなれず、非正規雇用で働いている人が三人に一人という。

子どものいる家庭では子育てや教育費用もなく、食べていくのが精いっぱい。地方では厳しい価格競争で離農していく人が多い。また税金を支払えない人も急増している。

高齢者世帯では医療や介護保険料の負担増のため、「国は私たちが早く死ぬのを待っているのか」と妻の介護を続ける夫につぶやかせるほど。

大学で学生部長の立場にあるぼく自身も、学費が支払えずに退学せざるをえない前途有望な学生たちの相談にのることが多くなった。

かつてぼくは、横浜の日雇い労働者の町「寿町」で長いこと生活相談の仕事をしてきた。その時には、日雇い労働者はまだ社会の一部と言われていた。

しかし、今では誰もが生活の不安を抱えている。憲法二五条が保障する「人間らしく生きる最低限の権利」、それすら脅かされる深刻な現実。こうした時代に生きていることを直視して生きたいと思う。


（初出：『琉球新報』二〇〇六年八月二日）

シマビトとして生きる

五年前から琉球列島の離島めぐりを始め、七月で主な四十五の島を回りきることができた。島めぐりのラストは宮古島の北方に広がる幻の島、八重干瀬とフデ岩と決めていた。

毎年春、旧三月前後の大潮の時期に海底が浮上するという八重干瀬。池間島港から大関浩司さんの「ZERO号」に乗せていただき大小百三十余りのリーフからなる八重干瀬へ行った。

南北十キロ、東西七キロといわれるさんご礁群は、日本最大の台礁といわれ、このさんご礁には無数の魚介類、海草類が生息し「海のオアシス」「海の熱帯林」とも呼ばれていた。

昔から漁場として知られ「海の畑（インヌパリ）」とも呼ばれていた。その中心、ウルと呼ばれるさんご礁で船をとめしばらく漂っていた。

ウルの背後には大神島が見え、その中間にフデ岩と呼ばれる無人島がある。フデ岩には美雅真良（みがほら）という女神（姉）が棲み、八重干瀬には渡賀殿（とうがどうね）という男神（弟）がいて、この一帯を守っていると伝えられている。フデ岩、八重干瀬そして大神島に、地元の池原はつえさんに教えていただき、カミガミへの感謝の儀式をさせていただく。

シマとは一種のテリトリーのことで、島だけには限定されない。シマは相互扶助による自治共同体のことで、字や村のことでもあった。シマには自然神としてのカミガミが生きており共同体としてのエネルギーが持続していた。

しかし、シマはクニに変わり、国へと吸収され暮らしに密着し共に生きていた自然神（カミ）は排除されてしまった。

透き通るサンゴの海。カミガミと共にあったシマビトの世界。ぼくもシマビトとして生きたいと強く思った。

（初出：『琉球新報』二〇〇六年八月一六日）

人生は、ただ一度

八月も終わりに近づき過ごしやすい季節になったけれど、K君元気でやっていますか。

君が早朝に自動車事故をおこし、同乗者の親しい知人が亡くなったというニュースを受け取ったのは四月早々のこと。お母さんと君に面会に行った時の、君の真一文字に結んだ唇と、真剣な表情にぼくは言葉を失っていた。なぜなら、その直前に君は尊敬していたお父さんを病気で亡くしていた。どんなにか辛かったことかと思う。

大学四年生、あと一年で卒業という時の事故。責任感の強い君のことだ、自分を責める日々だと思うが、この重い試練、ぜひ乗り越えてほしい。

今から四十数年前、ぼくにも大きな事故があった。大学で柔道の練習中に後頭部を強打し、緊急入院したことがある。脳内出血の疑いで予断を許さない状況だった。

母がぼくの掌《てのひら》を握り、押し殺した声で泣いていた。しかしぼくは蘇《よみがえ》った。その後、辛いこともあったが結婚もし、子どもにも恵まれた。

そしてK君、君にも会えた。生きていたらいろいろな人にも、また出来事にも出会う。こうした経験が人間をつくっていくのだと思う。

君の後輩になる学生の何人かが、さまざまなトラブルで今年の福祉実習を中断することになった。彼らにとってはとても辛く残念なことだと思うけれど、彼らには支えてくれる仲間がいる。

人生はやり直しができる。何度でも挑戦することができる。K君、辛いだろうが、今は「生きること、生きぬくこと」が君の仕事だ。

人生はたった一度しかない。君が社会復帰する日を、お母さん、友人たちと共にぼくも待っている。

（初出：『琉球新報』二〇〇六年八月二〇日）

父母の思い、若者の夢

先日、大学の後援会、八重山支部設立総会があり、後援会の長浜正弘会長、桜井国俊学長、事務局の仲村昌和さんと四人で石垣島へ行ってきた。地方選挙前のあわただしい中、二十人ほどの父母が集まり、楽しい語り合いが行われた。

離島から遠い本島の大学へわが子を送り出す親からすれば心配も多い。都市にはさまざまな誘惑もあるし、友人はできたか、学業はついていけるのかという不安もある。また、経済的な負担に対する悩みもある。

この夜の話し合いは、二次会まで続き、午前零時におよんだ。

初代支部長には長浜正勝さんが決まり、参加者のほぼ半数が役員になるという凄《すご》い熱気であった。

翌朝、児童養護施設「ならさ」を八重山商工高校の大原康子先生の案内で訪問し、見学した。子どもたちは、みな明るく元気だった。

施設長の翁長克子さんも親の一人であり、息子さんは大原先生の教え子、また現在は社協で福祉実習中である。

大原先生の教え子に金城裕子さんという女生徒がいた。彼女は高卒後、単身上京し、さまざまな苦労を経験し、現在は東京の山谷にある女性野宿者のグループホーム「紙ふうせん」の職員である。

ぼくも参加しているサークルの全国夢会で彼女と出会い、施設も訪問させてもらった。この施設では毎年、裕子さんの故郷石垣島にメンバーが来て合宿交流会を行っている。

沖縄の若者たちは、素晴らしい可能性を秘めている。その可能性を支え支援し伸ばしてゆくのは、ぼくらの世代の役割だと思う。

離島で声援を送っている父母の思いを受けとめ、若者たちよ夢に向かって前進してほしい。

（初出：『琉球新報』二〇〇六年九月一三日）

何度も泣いた新郎

那覇大綱挽の行われた十月八日、ぼくら夫婦は沖縄に来て初めて結婚披露宴に参加した。

昨年沖大を卒業した遠藤賢吾君（二三）の結婚式には何と四百人が出席。驚いたのは賢吾君が今年三月に出産した長女の優杏《ゆうあ》ちゃんを抱いて新婦と三人で入場したこと。この日は優杏ちゃんのお披露目も兼ねており、沖縄では珍しいことではないという。

少年時代から明るく世話好きだった賢吾君は、陽明高校で福祉を学び、高齢者施設で働きながら二部で学んだ努力家。現在はデイサービスセンターの介護課主任。

一方、新婦の昭乃さんは子どものころから琉舞を習い始め南風原高校では芸能部に所属していた。進学した県立芸大では琉球舞踊を専攻。先ごろ、古典芸能の部で「最高賞」を受賞。将来は琉舞の教室を開設する夢を持っている。

二人が出会ったのは大学四年の冬の公園。「あやぶめば道はなし、踏み出すその一歩が道となる」。沖大の友人、内間良次君はそうエールを送った。

芸大の同窓生、島袋沙矢可さんは「何があっても賢吾の手を離しちゃダメだよ」と励ます。鳩間節、黒島口説、また空手の演技、エイサーも行われ、口笛とカチャーシーで会場は熱気で揺れる。「わがままな私をいつも最後は、あなたのやりたいようにやりなさいといってくれたお母さん…」

昭乃さんの言葉に思わず涙があふれる。「こんなに何度も泣いた新郎を見たのは初めて、またこんなにも泣かない笑顔の新婦も初めて」という司会者の言葉に会場は大爆笑。岩手と長崎から駆けつけた両家の祖母への花束も贈られ、感動は一層深まった。この日のこと、ぼくは一生忘れない。

（初出：『琉球新報』二〇〇六年一〇月一一日）

六十五歳の誕生日

その日、早朝から夜の七時限目までビッシリと講義がつまっていた。

昼休み、学生部の玉城さんに呼び出され休憩室に行く。狭い部屋に学生部の職員が集っている。まん中にろうそくの立った丸いケーキ。ハッと気づく。「ハッピーバースデートゥユーツ」

この日はぼくの誕生日。学生部では職員全員、十四名の誕生会を毎月行っており、ケーキと紅茶で雑談をする。

うれしかった。夜、福祉文化論の講義を終えてゼミの教室に行くと、天井からくす玉が吊るされ華やいだ雰囲気。

サンシンを島袋大地君が、そしてドラムを宮城和真君が演奏してくれ、ゼミ生二十三名による「オンリーワン」の大合唱。渡辺友子さんが準備してくれた大きなヨモギケーキ。新垣貴司君からは四つ葉のクローバー。

その後、先日亡くなられた宇井純先生の著作をみんなで読んだ。「もし人が生涯にたった一つでいい、本当に良かれと思う選択をしてくれたならこの世はきっと変わるはずだ」（講演より）。

そして、ゼミ長の横山正見君がくす玉の糸を力いっぱい引くと、くす玉ごと落ちてしまい大爆笑。さらに四十二名の寄せ書きの二つ折りの色紙をいただく。

「この時代、この国に生まれ、このゼミの仲間に出会えたことはぼくの人生の宝です」（笠原聡）

「卒業したら恩返ししますから長生きをしてください」（伊佐真由美）

この日、十一月三十日は、ぼくの六十五回目の誕生日であった。翌日から妻と上京。ぼくは「子ども文化会議」（法政大学）に参加した。集会には多くの年配者が参加し、生き生きと活動していた。

ぼくもまだまだこれからだゾとうれしかった。　（初出：『琉球新報』二〇〇六年一〇月二五日）

キミよ歩いて考えろ

十一月十日から第四十七回沖大祭が開催された。今年は三つの講演会、シンポジウムが用意され、十二日には宇井純先生の問題提起を受けて「今、沖大を語る」というテーマで、学生、卒業生、教員、職員がそれぞれの立場から沖大を語るという企画が用意されていた。

その前日の十一日午前三時、宇井先生は東京の病院で急逝された。学生諸君やぼくら教職員のショックも大きかったが、当日は一分間の黙祷《もくとう》の後、一九九四年の土曜講座で講演された宇井先生のビデオが上映された。その中で宇井先生が「世の中や歴史は立場によって見方が変わる。どの立場で世の中を考えるかが大切」と言われた言葉が胸に残った。

「いまの教育ではあまり重視されていない観察力がこれからは大切。かすかな変化も見逃さない観察力はそれを受けとめる感性と共に成長する」「学校教育できめられた枠の中から一歩でもふみだして、ひろい世の中にじぶんができることがたくさんあることに気づいてほしい」「わからないとき、じぶんが壁にぶつかったときはまず動いてみる」（『キミよ歩いて考えろ』宇井純著、ポプラ社）

ぼくが沖大に赴任した時から宇井先生のゼミに時々参加させてもらった。一人ひとりの学生と向き合い、一緒に考えるという姿勢が一貫していた。ゼミ終了時は近くの食堂「和」で明け方まで議論は続いた。

現代は競争にあけくれ、勝ち負けにこだわる社会になっている。しかし大事なことは、まずわからない時、壁にぶつかった時には自分で動いてみる。失敗をおそれず自分の足で歩き確かめてみることだ。東京大学で行われた「公害原論」の十五年にわたる自主講座は、自ら学び行動する市民による大学のモデルであった。ぼくは宇井先生の生き方を胸に、これからも歩き続けたい。

（初出：『琉球新報』二〇〇六年一一月八日）

さあ、一緒に歩き出そう

来春四月に、いよいよ「こども文化学科」が発足する。そのための入学試験が先日行われた。作文と面接を中心にした今回のＯＡ入試には六倍を超える受験生が集った。

面接では、その前日に国会で成立してしまった教育基本法の改定や多発するいじめ問題などが話題となった。

受験生の多くは優しい教師と出会ったこと、またつらかったいじめ体験などをキッカケとして子ども文化に関心をもったという。

「私は女優になるのが夢だったけど、保育園で子どもと接していると素直に自分を表現できるって気づき方向転換をしました」

「今の学校も会社も競争じゃないですか。これじゃみんな敵同士になるしかないでしょ。ぼくはクラスが仲間になるような学校をつくりたいんです。友だちがいっぱいできる学校にするため教師になる道を選びました」。面接で出会った学生の瞳はキラキラと輝き、笑顔は美しかった。

しかし現実の学校は格差が広がり厳しい。体調を崩して休職している教師も四千人を超えている。

「私たちは、児童憲章ならびに国連子どもの権利条約を実現するために国民的な運動をおこします」（日本子どもを守る会基本目標）

こんな時代だからこそ子ども文化に関心をもつ若者たちと地域から学校を変えていきたい。そんな目的で活動を始めた「沖縄子ども研究会（沖縄子どもを守る会）」の第二回研究会を十二月二十二日、午後六時半から沖大二号館四〇二号室で開く。

沖縄県子ども会会長の玉寄哲永さんのお話と対論を行い、子どもと共に生きる地域づくりを目指す。若者よ、市民と共にさあ一緒に歩き出そう。

（初出：『琉球新報』二〇〇六年一二月二〇日）

生きていくために何が必要か

新入生の皆さん、大学院、留学生別科にご入学の皆さん、本日はおめでとうございます。私たち沖縄大学の教職員一同、心から皆さんの入学を歓迎し、これからの大学生活をとても楽しみにしています。

私たちは本日、この那覇市民会館で入学式を行っておりますが、入学式すら行えない大学も全国には数多くあります。

三月十一日に起こった大地震と大津波によって、死者、行方不明者が数万人にも及ぶ大惨事となり、東北三県の大学や、福島原子力発電所の大事故の影響で関東各県の大学でも卒業式や入学式が取りやめになっています。最高学府である大学の入学式に臨めなかった大学生諸君にとっては、とても残念だったと思います。

一方、無事に入学式が行えている私たちにとっても、大学とは何か、学ぶとは、生きるとは何かについて真剣に考えなければならないと思います。

私が大学に入学したのは一九六〇年です。

この年は、日米安全保障条約の再改訂の時で、社会は大きく揺れており、しかも入学して一ヶ月後に私は大きな事故にあうことになってしまいました。

大学の柔道部に所属していた私は、練習中に後頭部を強打し、意識を失ない入院。医者は脳内出血の疑いで、生命は危ないと駆けつけた母に伝えました。

翌日には意識が戻り、私は奇跡的に生き返ったことになるのですが、その時「生きるとは何か」について真剣に考えることになりました。

ベットで寝ていても時間がたてば空腹にもなり、のども乾きます。そして、食事をしたり水分を取ると、生きているなあと実感するのです。生きていくためには何が必要か。その必要度から考えると、まず「食」があります。食べなければ死んでしまいます。そして、もう一つは排泄すること。

「食べること」と「排泄すること」、この二つが生きていく基本だと考えました。

これを別の言葉にすると「吸収」と「表現」になります。自分以外のものを自分に取り入れる食、吸収と、自分の外に排泄する、つまり表現することだと考えたのです。

「吸収」とは、食べるだけでなく、見たり聴いたり体験したりすることも含んでいます。「表現する」方は、感じたことを知っていることなどを話したり身振りで伝えること。笑うこと泣くこと怒ることも含まれます。

例えば二人が出会った時、一人が語り一人が聴く。今度は聴き手が話し、語り手が聴く。こうして二人が入れ替わることによって、吸収と表現の相互交流が行われているのがわかります。話すことは「手放すこと」でもあり、お互いが「話し合う」とは「放し合い」であり、こうした相互交流こそが生きることではないかと気づかされたのでした。

つまり、生きることの本質は「関係」そのものだということです。したがって、もし他者との関係がとぎれてしまうと、孤立し私たちは生きる意欲を失ってしまうのです。生きることだけでなく、何かをやる気力も失くしてあきらめてしまうのです。生きていく上で、いかに他者との関係が大切なのかということを、私は大学時代の事故で学びました。

もう一つの側面として環境の問題があります。生きにくい環境があれば、人は生きていくことができません。

人間が生きていく上での大きな三つの問題は、病気と貧困と戦争といわれています。医療も進み、経済発展も日本はとげてきました。しかし、右肩上がりのエネルギー政策は、ついに原子力発電所を生み出すところまできてしまいました。日本には何と五四基の原発がありまます。

世界初の原子爆弾による被爆を受けた私たちは放射能の恐ろしさを身にしみて感じています。しかし、より便利により多くの成長を求めて私たちは、自然界には存在しないプルトニウムまでつくり出してしまったのです。

原子力による産業と放射能の危険を早くから訴え続けてきた核科学研究者の高木仁三郎さんは、一九七五年に東京都立大学をやめ、原子力資料情報室をつくり、スタッフと共に原子力発電所をなくす活動に全力をあげてこられました。

全国各地で活動を続け、福島県にも何度も足を運んでいます。

東京大学原子力核研究所にもおられた高木さんはその後ガンに冒され、体調も悪くなり、若い人たちを養成するためのプロジェクトを始めることにしました。一九九八年のことです。

科学者に贈られるライト・ライブリラット賞の賞金を活用して、高木学校をつくり上げたのです。市民や若者たちのための学校です。

このイメージは、岩手県花巻につくられた宮沢賢治の羅須地人協会に原点があります。

宮沢賢治は花巻農学校の教師をやめ、自ら耕作しながら農民と共に学ぶ学校をつくったのです。

宮沢賢治は「農民芸術論綱要」の中で次のように書いています。

　職業芸術家は一度亡びねばならぬ
　誰人もみな芸術家たる感受をなせ
　個性の優れる方面に於て各々止むなき表現をなせ
　然もめいめいそのときどきの芸術家である

この職業芸術家を、高木さんは職業科学者と読みかえ、一度亡びねばならぬというのです。

科学者は市民の暮らしに降りたち、そこで一緒に考え、学び合っていくことが必要だと考えたのです。

宮沢賢治は「ヒデリノトキハナミダヲナガシ、サムサノナツハオロオロアルキ」と書きました。

農民と一緒に悩み泣き、共鳴するところがら始めなければと考えたのです。高木さんも原子力や放射能の問題を、地域の方々と語り合い、学びを深めながら研究を続けていったのです。

経済成長を続ける中で水俣病などの公害が拡大していきます。チッソ工場の水銀汚染が人間にも被害を及ぼしてきたのです。この水俣に、環境問題を考え研究する水俣大学をつくる運動が起こります。水俣病発生の現地で研究する大学をつくるという画期的な試みでした。資金や設立手続きの問題で水俣大学の実現はできませんでしたが、当時沖縄大学の学長であった新崎盛暉先生は、水俣大学を沖縄大学の分校にすれば設立は可能であるという提案をしておられます。

宮沢賢治の羅須地人協会、高木仁三郎さんの高木学校、そして水俣大学の発想は「地域に根ざし、地域に学び、地域と共に生きる開かれた大学」をテーマにしてきた沖縄大学と目指す方向は同じだったといえます。

高木仁三郎さんの学校は、高木さんの死によって閉鎖されますが、高木さんの主張が認められていれば、今回の原発事故もなく、原子力には頼らない自然との共存ができていたと思います。

高木さんは「次の世代へつなぐ」という夢があり、そのためには「希望」がキーワードだと語っていました。そのためには「人と人、人と自然が相互に抑圧的でない社会をつくること」という思いが高木さんにはありました。

こうした高木さんの行動を支えたものの一つに、次の言葉があります。

本気

本気ですれば

大抵のことはできる

本気ですれば

何でもおもしろい

本気でしていると

誰かが助けてくれる

九〇歳を過ぎたジャーナリストのむのたけじという方がいます。戦後、朝日新聞社を退社し、秋田県横手市で「たいまつ」という週刊新聞を発行してこられました。

そのむのさんが「戦後の日本は経済大国を実現したけれど、それは根っこのないものだった」と述べています。

更に続けて「会社任せで自分がない。他人のペースで動くベルトコンベアの上に完全に自分の生活を乗せたままの繁栄だった。」と述べ、バブルが弾けて思うようにいかなくなると「社会が悪い、親が悪い、あいつが悪い」と全部人のせいにしている。

自分を見失っているというのです。

先月、那覇市の松川小学校の卒業式に参加しました。学生諸君がボランティアとして学習支援に参加しており、お世話になっている学校です。卒業する一〇七人の生徒一人一人が壇上で、自分の将来の夢を語ってくれました。「保育士になりたいです」「プロサッカー選手になります」「人の役に立つ人になりたいです」「小説家になりたい」。

どの生徒も瞳を輝かせていました。

最後に秋田県から派遣されてきていた児玉先生がマイクをもって生徒に向かいました。

「卒業式の日、最後の授業をしますね。あなたが一番大切にしている人は誰ですか」

マイクを向けられた生徒は次々と答えます

「お父さんとお母さんです」「両親です」「僕の家族です。」

児玉先生は一呼吸入れて「外に」と聞きました。一人の生徒が「自分自身」と答えました。少し間をおいて先生は言いました。

「お父さん、お母さんはどんなことがあっても君たちを応援し続けます。何の見返りも求めず君たちを愛してくれるのです。

ではなぜ、親は君たちをそんなに応援してくれるのかな。それは、君たちが自分自身を大切にして生きてくれるように願っているからなのです。」

児玉先生はそう言われました。

考えてみれば、自分と全く同じ人間はこの世の中に二人といないのです。一人ずつ別々に生まれてきました。その一人ひとりの人間が、しっかりと生きていくことを、両親も教師たちも願っている。

そう児玉先生は言いたかったのだと思います。

むのたけじさんは、現代の混乱した時代を生きむくためには、「もう一度、一人、一つ、一個というところから始めたいと思います。

人を変えられるのは、やはり自分で、他人によっては変わりません。自分で自分を変えようとすれば、少しずつでも違ってきます。それを継続すれば、まるで生まれ変わったようになる可能性があります。

歴史は一人から始まる。自分から始まるということをもう一度みんなで見つめ直さねばならないのではないか。」と述べています。

沖縄大学は、日本最南端の大学です。また、東アジアに一番近い大学でもあります。第二次世界大戦では、唯一の地上戦を経験し、四人に一人が亡くなりました。

戦争の悲惨さを知った島です。そして、美しい海と自然に囲まれ、豊かな文化と芸能の島でもあります。貧しい暮らしの中でも、お互いが支え合い、美しい水と海、豊かな自然の恵みに感謝を忘れない島です。

沖縄大学は、この沖縄の中にあり、沖縄の文化と歴史を研究する「地域研究所」もあります。

新崎盛暉先生は、著書の中で「沖縄が変われば、日本が変わり、世界が変わります。

逆に、日本や世界が変わらなければ、沖縄だけが変わることはできないでしょう。

沖縄のこれからは、日本のこれからでもあり、世界のこれからでもあるのです」と書かれています。

その沖縄で皆さんは、きょうから学ぶことになります。二度と戦争のない社会をつくることを明言した憲法も、この沖縄で実現できるかどうかが問われています。

最後になりますが、お忙しい時間をさいて、本日新入生のためにご臨席いただきまして本当にありがとうございました。どうぞ、これからの新入生の歩みをあたたかく、またきびしく見守っていただければと思います。

では、新入生の皆さん、これからの健闘を祈りつつ、お祝いの言葉といたします。


（二〇一一年四月二日　沖縄大学入学式における学長告辞）

水たまりがつながり合い海になる

卒業生の皆さん、修了生の皆さん本日は本当におめでとうございます。

皆さん、お一人お一人のお顔を拝見しながら、様々な思いで本日の卒業式を迎えられたことと思い、胸が一杯になりました。

本日まで皆さんを支え励ましてこられたご家族、ご親族の方々の思いもひとしおのことと思います。

改ためて申し上げるまでもなく小学校から始まる学校教育の頂点に立つのが大学です。大学に行きたくても行くことができない方々も数多くおられます。その中で大学に学び、社会に巣立つ皆さんには社会からの大きな期待と、卒業生としての責任があります。

大学は、それぞれの専門の学問を修めるだけでなく、自ら学び考え、行動できる自立した市民としての役割も期待されています。

そのため諸君には、時には厳しい注意もしたかもしれません。

しかし本日、皆さんにお渡しした卒業証書は、大学の課程をクリアし、社会人としても充分にやっていける力量をつけたことを証明するパスポートでもあります。

どうか自信をもって、きょうからの人生を歩んでほしいと思います。

ところで本日は三月一六日。昨年東北で起った大震災、原子力発電所の大事故から一年が経過したところです。

私たちは昨年夏、東北の子ども達を一〇日間沖縄に招待し、ユックリと身心を休めてもらうための企画を立てました。

ティーダ・キッズプロジェクトという小さな団体のため、受け入れてくれる市町村が必要でしたが、まっ先に受け入れを表明してくれたのが伊江島でした。

かっての戦争の時には軍命により、子ども達は日本本土や本島に強制疎開させられ、残った人々も渡嘉敷村や座間味村へ移送され、伊江島に戻れたのは敗戦から二年後の一九四七年でした。大城村長をはじめ、伊江島全体が状況は違うが苦しんでいる子ども達を元気づけたいということで四二名の子ども達を受け入れてくれたのです。

自宅を津波で流された子ども達、目の前で亡くなっていく人々を見てトラウマになった子ども。原子炉の爆発後、鼻血が出るようになり不安で笑うことができなくなった子ども達。受け入れる時には様々な不安があったのですが、伊江島の人々は自分たちの子どもや孫と同じように接してくれたのです。

伊江村の家族で暮らした少女はこう書きました。「今回の生活でとても大切なことを学びました。それは人と人とのつながりや助け合いです。おじいおばあと暮らして、とっても安心して心が軽くなりました。」

伊江島には反戦平和資料館「ヌチドウタカラの家」があります。

その入口には「すべて剣をとる者は剣にて亡ぶ、基地をもつ国は基地で亡び、核をもつ国は核で亡ぶ」と書いてあります。

この平和資料館をつくられた阿波根昌鴻さんは、この世の中で一番大切なものは「命」だと言われます。命こそ宝、その命を守るためには平和でなければなりません。

平和をつくるためには無智であってはなりません。歴史や文化をシッカリ学ばねばなりませんとも言われます。

そして五本の指の話もされました。

五本の指があれば大抵のことはできるが、一本の指だけでは、はしをつかむこともできない。五本の指が協力して手の役割が果たせると言うのです。

こうした考え方をもつ島だからこそ、東北の子ども達を心をこめて受け入れてくれたのだと思います。

今年の卒業論文、卒業研究の発表会に参加した時、こども文化学科の森田イヨ子さんが作詞作曲した作品を演奏し歌っている場面に出会いました。その時の作品「生きるって素晴らしい」をお聴き下さい。（歌）

最後のフレーズをくり返してみます。

　生きるって悪くない
君に会うことが出来たから
信じることの意味を
見つけることが出来たから
明日からの自分を生きるって決めたのさ
見えない明日でも　旅立っと決めたから

生きるって素晴らしい

君が教えてくれたのさ
世界って素晴らしい
君が居てくれるから
この地球の片隅の飢えや差別や貧しさ
この手できっと変えてみせるから

人との出会い、つながりの中から生きる力が湧いてくることを森田さんは歌っているのだと思います。

こうした小さな出会いが実は時代を変えていくかもしれないというエピソードを一つご紹介します。

与勝半島は幾つかの島によって成り立っていますが、干き潮になると海底が露出し、歩いて島に渡ることができます。

ある時、満ち潮になる時は、どのようにして海面ができるか知っているかと聞かれたことがありました。見ていなさいと言われ見ていると、海底の砂地に小さな水たまりができるのです。小さな水たまりがあちこちに出来、しばらくすると水たまり同志がつながり合い、少し大きな水たまりになります。

そして、次々と水たまりがつながり、あっという間に海になってしまうのです。

時代が変わるということはこういうことなのではないかと気付いた一瞬でした。

小さなことでも、自分たちにできることをやっていくと、他でも同じようにやっているグループとつながっていく。大学でも職場でも、また地域でもこうした小さなつながりが、ネットワークされ現実が変っていくいくかもしれないと思えたのです。

お互いに認め合い、信頼できる関係が生まれると、お互いのよいところが生かされ合って、現実が動いていく。森田さんの歌は、そんな思いと重なるような気がして心に残り、皆さんに紹介したいと思いました。

今から一〇〇年前、栃木県の足尾銅山の鉱毒事件に関った田中正造は、このような言葉を残しています。

真の文明は、山を荒さず

村を破らず、人を殺さざるべし

私たちが目指すべき文明は、命ある全ての自然と共生し、人々の暮らしを守り、人を傷つけたり命を奪うようなものではないという意味だと思います。

原子力との共存が可能かどうか、命との共存が可能かどうか、今私たちの決断が求められているように思います。

ではいよいよ大学を巣立つ時、諸君をお送りする時が近づいてきました。どんなに厳しい現実があっても、私たちは希望を胸に、信頼できる仲間と共に課題と向かい合い、生き抜いていきましょう。

君たち一人一人に限りないエールを送ります。どうぞ元気で。

そして、つらい時、嬉しいニュースがあった時沖縄大学にやってきてほしい。共に悩み、共に喜び語り合いたい。

では、諸君の前途に幸あれと祈り、卒業の日のご挨拶とします。


（二〇一一年三月一六日　沖縄大学卒業式・修了式における学長告辞）

叛逆する神々──人類滅亡史序曲

地震がよびさますもの

人間が、最も「人間存在」の根源に立ち還れる瞬間があるとすれば、それは「日常性」の「崩壊」という事実に直面した瞬間ではあるまいか。ごく当たり前に、当然のこととして信じきっていた事柄が、全く信じられないことになってしまったり、あるいは又、自分にとっては、全くなじみ深く気が許せたものが、突如として、奇異で不気味なものとして目の前に現われた時、人は、既成の一切の知識や概念や方法を失ない、赤い鮮血をしたたらした裸身のままで、そのありうべからざる事実に対面しなければならない。

この瞬間に、おそらくは、馴れ合いの中にあった日常的生活の一切が一挙につき崩され、始源のかなたに眠っていた「生命」の本質が現われてくるのだ。そして、人間にもし未来が許されるのなら、この始源への回帰運動の中で、人間がいかに「自己」をとりもどすかにかかっているのではあるまいか。

話をしばらく前に戻そう。ぼくはその頃、山谷の小さなドヤの一室で寝起きしながら、ドカタ仕事に出ていた。泪橋に立つこともあったし、福祉センターから、カードを切って仕事に出ることもあった。不思議なことに、この小便臭い街には、一種の活力のようなものがあって、人間というよりは、動物的なバイタリティーが、ぼくの好きな「遊民」的発想とならんで生きつづけていた。

山谷の生活にもようやくなれはじめたある日、ぼくは夜中に、夢にうなされている自分の声で目をさました。ひどく汗をかいていたが、それはおそらく仕事の疲れだろうと思い込みはしたものの妙に後味の悪い夢だった。

ぼくは、枕元の腕時計をさぐりあてて、時間を見る。午前3時15分である。カチカチと小刻みな音を聞いて少し安心はしたものの、その時の感覚はひどく生ま生ましく、時計の音にあわせるように鼓動も早かった。

……夢の中は、一面灰色の色調でおおわれていた。ぼくは、小高い岩山のてっぺんあたりに腰をおろしている。目の前には、いくつも大きなビルが立ち並んでいる。とみるまにそれが、かなり大きな石をつみあげてつくられた、ビルにかわってゆく。それは見方によっては、巨大な石のカサブタのようなものがつながりあって出来上っているようにも見える。

それは、上にいけばいくほど大きくなってビルの高さをこえてつづき、空をおおっている。もう空は見えない。したがって、ビルの外にいるはずのぼくの上にも巨大な石のカサブタはおおっているので、まるで大きな洞窟の中にいるような感じなのだ。ビルのまわりには、そうした変化には全く気づかぬような感じで、実にたくさんの人が――しかも、それらの人は、みなひどく小さいのだが――肩をくみあって踊ったりうたったり、坐り込んで食事をしたりしている。それは、ゴチャゴチャと入りくんで、人間のつくだにがうごめいているようにも見える。その中で、一人の男が、長い棒をもって、誰かを追いかけている。どうやらそれで誰かをなぐろうとしているらしいのだが、逃げてゆく方は、大きな岩のかげにかくれた。そして、ぼくの方を見ながら、タスケテ、タスケテと手をあわせている。ああ、やめたらいいのに、とぼくは思っている。追ってきた男は、その棒で岩をつつこうとしている。この時ぼくは、この岩がつつかれて動けば、順番に岩が崩れて、天井にある岩までおちてくることに気がついて、「オーイ、ヤメロヨ」と声を出そうとするのだが声がでない。男は力まかせに岩をつつく。

たくさんいる人は、自分のやっていることに夢中らしくて、そのことにまるで気づかないようだ。ぼくは腰をあげようと足をふんばるが、吸いついたように腰は動かない。と思うまに、男がつついた岩がグラリとゆれた。

そのゆれは、またたくまに他の岩にも伝わり、ギイ、ギイ、グイグイという奇妙な動物のなき声のような音があちこちで起ったかと思うと、天をおおうほど大きかった天井の岩にも見るまに亀裂が入り、グラーンと落下してくる。それはちょうど、空にできたカサブタがはがれて、大きな翼を拡げて落ちてくるような凄さだ。ピシャピシャと人間たちはつぶされてゆく。ぼくの見知った人たちもいて、あの人たちは絶対つぶされるはずはないと思っている人たちまでが、グシャグシャと蛙のようにつぶされてゆく。それは、映画の主人公は絶対に死なないと思って見ているのに、まだ半分ぐらいのストーリイーの時、あっけなく殺されてゆく様な、ガクッと力のぬける感じなのだ。何人かの人たちが気がつきだして、大あわてに走りまわるがどこにも逃げ場はなく、ぐるぐるとむなしく走りまわるだけ。その上に、いかにも重そうな巨大な岩石は、ただ黙々と、ふりそそいでゆく。

ぼくはやたらに悲しく身動きできないまま小さなウメキ声をあげていた。……

大筋はこんなものだった。これだけならどうということはないのだが、この日を皮切りに約一週間、しかも、ほぼ同じ時刻に、ぼくは、一日一日と追い込まれるように同じような夢を見つづけたのだ。これは、自己暗示もあるのだろうが、気になるので、目がさめてからノートにとっていたのだが、その夢は、次のような変遷をたどった。

筋だては、四日間は、ほぼ同じもの。つまり巨大な洞窟のようになってしまったビルの前にぼくは坐っている。そして、男がでてきて岩をつつく。二度目の時は、その岩がゴロリと動くと、そこからしぶきをあげて汚水が流れ込み、上からは落下する岩石。凄絶な地獄図だった。三度目は、つついた岩がゴロリと動くと、そこからバアッと炎がとびこんでくる。すると岩や大地が、石油をしみこませた布のようにメラメラと燃えあがり、火だるまになった人間たちが、とびはね、苦しがって逃げまどう。その上に情容赦なく岩が降ってくるのだった。そしてその岩も又、燃えるのだ。その次には、つついた岩から、黄色と茶色の混ったような煙が吹き込み、これが充満してくると、人間は、こげ茶色の骨だけになってコロンコロンと死に、その骨が見てるうちに山のようにうず高くなってゆくのだ。

次には、再び、あの水が吹きだすやつで、「あっ、あれだな」とぼくは思うのだが、こんどはみているまに、ぼくの上にも汚水が勢いよくおしよせ、ぼくは、その流れの中にまきこまれる。落ちてきた岩石が軽石のようにプカプカ浮いているので、何人かがそれにしがみついている。ぼくも、その軽石につかまり、その上にまたがる。水はゴンゴンと凄い勢いで流れてゆく。しばらくゆくと、広い見渡すかぎり山一つない平野にでる。でも土地は日照り続きのようでヒビわれている。ここで水はグングン地面の中に吸収されてゆく。

ぼくはしかたなく軽石を抱えてポクポクと歩いてゆく。ここはインドでひどい飢饉で苦しんでいる。水が必要なのにちがいない。しばらく歩くと、さっき地下にもぐった水が又、地表に現われて流れているので、ぼくは軽石を浮かべて乗ってゆくと、こんどは「豊作だ！ 豊作だ！」といって緑色の旗をふって喜んでいる人たちがいる。水はいつのまにかキレーになっている。どこかと思っていると、中国だとわかる。稲の穂がまぶしいくらいどこまでもつづいている。

そして更に次の日には、舞台は東京。ぼくはどこにいるのかよくわからないが、国会議事堂と霞ケ関ビルがよく見えるところにいる。やっぱり人はあふれるほどいて、どの人もニコニコしている。突然、ガガガッと大地が上下にゆれ、ブレた写真のように振動すると、まさかと思うほど大地がゆれ、ビルも木々も、あっけなく倒れてゆく。霞ケ関ビルもプリプリと左右に揺れていたが、ついに途中からポキリと折れてしまう。そして、こんどはニュース映画のように、顔までハッキリわかる人たちが苦悶の表情で押しつぶされ、同時発生した火事の煙の中で死んでゆくのだ。

セーラー服を着た少女――この少女は、ぼくのよく知っている顔なのだが――が、国会議事堂の前で弓なりになって倒れ、その上にコンクリートのかたまりがめりこむように落ちた。少女は何かいいたそうなので、ぼくは夢中でそのそばにかけつける。少女のセーラー服は、いつのまにか朝鮮服――チョゴリ――に変っていたが、ぼくが「どうした！　どうした！」と上づった調子で聞くと、「もう、みんなゲンバクを忘れたのね」といい、白い眼になりながら「三月××日」とうめくのだ。「エッ、何日だって！」ぼくは必死できききかえすのだが、三月××日の日の方は、はっきり聞きとれなかった。

これらの一連の夢は、単に「夢」として片づけてしまえばそれまでだったが、どうにもそれだけではおさまりきらず、日を追うごとに、ぼくの頭の中は、ひょっとすると3月中に東京に大地震があるのではないかという思いに塗りかためられていった。もし、何も起らなければそれでどうということはないが、起ったとしたら、後から「俺は夢を見ていたんだ」と言っても後のまつりだ。ぼくは思いきって、出合う人ごとにその話をし、できれば東京を離れるか食料や水を確保しておくようにという話をしていた。折しも、地震予知連絡センターは、駿河湾沿岸に、近々大地震があるという予報を出したりして、ぼくはかなり緊張していた。

ぼくは、友人たちと「東京壊滅の日」という本の出版計画をすすめ、三月以前に出すつもりで資料集めに奔走していた。

その過程で見ることができた「震災画報」（関東大震災の直後に出された、その様子を知らせる画報）の、第五冊目に、こんな詩がのっていた。

真実の前に
虚偽が其影をひそめる時が来た
大地震よ、俺はお前を讃美し崇拝する
もっと大きく絶間なく
この虚偽の塊を揺ってくれ

ぼくは、この詩にハッと胸をつかれた。勿論ぼくは、単に地震が来るぞ！　ということ、だけを叫ぶつもりはなかったが、しかし、地震がうち壊わすものが何なのかがわからなかった。地震という非日常的な事象が、よびさますものは、近代文明によってうち固められてしまったユガンダ体制としての「現代」なのだ。人間が忘れてしまった「何か」を地震はぼくらに示そうとしている。少なくともぼくにとっては、人間とはなにか、という根本的な問題をつきつけているとうけとれた。もしもそれがつかめないのなら、東京が壊滅した後、どのようにして「社会」は再編成されてゆくのか。勿論、現体制が打ち倒れるという地震のイメージは、ある日突然に成立してしまった革命と似ていないことはないが、生き残った人間にとって、単なる、今までの生活の継続ではないはずだった。

「神」とは「自然」の別称である

二月の半ば、ぼくは、地震についての資料は集めながら、どうしても書き進めない筆を折って「沖縄」へ旅立った。格別の理由があったわけではないのだが、ぼくの解けきれない「何か」は、「沖縄」にあるような気がしてならなかったのだ。おおまかな直観でいえば、「自然」の内包する豊かな世界が、そのネックになるような気がしてならなかったのだった。丸二日船にゆられ、那覇港に着いたぼくは、コザの街にある比嘉さんの家を訪ねた。比嘉良弘さんは、鉄工場を経営しているが、同時に、沖縄ミロク会という一種の宗教の本部でもあった。この沖縄ミロク会の開祖は良弘さんの奥さん「ハツ」さんである。

敗戦の直前まで、比嘉さん一家は、広島でかなり大きな鉄工場を開いていて、従業員も多かった。原爆投下一日前、ハツさんは夜、いきなり空中に閃光がひらめいたかと思うと広島の街があとかたもなくなる夢を見た。ま夜中に目の醒めたハツさんは、家中の者を起こして、「あす、広島が燃えてなくなるウ」と叫び、ワメイた。あまり激しいので良弘さんは、子どもたちを何人かの従業員に親戚の家にあずけに行かせ（これも夜中に出発したという）、なんとかなだめようとしたがハツさんの一種の神がかり状態はおさまらず、ハツさんは、いくつかの命令をしはじめた。それは、今ある米を全部使ってタキダシをし、全部にぎりめしにしておくこと。水をできるだけ汲んでおくこと、金物類を地面に埋めること。一晩中、従業員総出でタキダシをしたということだ。そして翌日、広島に原爆は投下された。不思議なことに、従業員を含め、比嘉さん夫妻も無事であった。それ以来、ハツさんは、しばしば神がかりになったというが、それ以後も次々とハツさんの予言は的中するので、いつのまにかハツさんを中心として、共に歩む人たちの集まりができたという。敗戦後、比嘉さん一家は、沖縄に戻り、苦労の連続だったが、ハツさんは、この間一貫して、沖縄の各地に散らばっている遺骨を収集し、まつってきたという。ほとんど誰もかえりみなかったこの仕事を、時には一家の仕事を放ってもやりつづけてきたのだそうだ。

遺骨の多くは、沖縄特有の洞穴の中にあって（これは米軍に追われて逃げこんだもの）それらは知られず、村人が、その上にゴミをうず高く捨ててあった所もあったという。そんな時、比嘉さん一家は、ゴミをとりのぞき一つ一つ白骨をひろい集めたという。

勿論、これらの話をあらかじめぼくが知っていたわけではない。これらはみな、あとで良弘さんやハツさんに聞いたことであって、比嘉さんの家を訪ねた時には、ほぼ何の予備知識もなかった。少々グロッキー気味で比嘉さんの家を訪ねると、良弘さんが、「今、家内たちが岩戸開きに宮古島まで行っておりますがねえ、行きますか？」というのだ。

次の日、ぼくは沖縄南端の離島、宮古島に着いていた。全体が白っぽく乾いた感じの南国特有の島だったが、ここでぼくは、ハツさんを中心とするミロク会の人々に会い、そしてはからずも、それからの二〇日余、伊良部島と宮古島を中心にして行われた神行事に参加することになったのだった。

形としては、古神道をほぼ原型のまま残している実にユニークな行事なのだそうだが、ぼくがここで受けたのは、新鮮で強烈な「自然」に対する観方であった。

ミロク会の人々は、全ての存在に神をみる。そして「神」とは「自然」の別称なのである。ハツさんを中心とする何人かの巫子たちは、その神（自然）の霊をうけて、そのものになりきり、踊り、そしてうたうのだ。

そんなことがありうるのかどうかが問題ではなかった。そこに漂う妖気と、自然との一体感が、ぼくには新鮮であり驚きだったのだ。たとえば、村の木の神のまつってあるところで祈りをささげているうちに、木の精は、ハツさんの身体にのりうつり、ハツさんの身体をかりて語りかけるのである。村人も三〇人ほど集まって合掌し、この村の木々が豊かに繁茂しますようにと祈っていると、ハツさんは、突然に衣服を次々と脱ぎすて、木々の間に入り込んでしまう。人々が一心に祈っていると、薄物一枚になったハツさんが身体中に木の葉をまきつけ、つるを腰にまき、頭には木の枝で作った月桂冠を被り、手には二本の枝を持って現われ踊りだす。合掌している村人の間をハツさんはゆるやかに踊り、そしてうたいつつ歩きまわる。

きいてくいりゃあー。木の精《せ》のねがいイー共に栄えてエいきたいモノオー。

ムジヒや、心なくウ、私の命をば、切りすてなさるウかアー……

不思議な感動が、何度となくぼくの心をつきあげる。それは、どこか、生命の根源にある魂のようなものをゆするからなのであろう。ミロク会の人々は、全ての存在を「生命あるもの」としてとらえている。そして、生命ある存在と人間とは互いに交信し、お互いに共存してゆこうという思いがある。たまたまその交信をしてくれるのが巫子たちなのである。したがって、ハツさんは、地球も又、有機的な生きものなのだと語りかける。

「神の姿がわたしの闇の中にあらわれた」

地球も生きものである以上呼吸をしている。その呼吸口をふさいではいけない。その呼吸口が噴火口であり、数々の底知れぬ風穴であるという。そして、何よりも地表そのものが呼吸している。そこにたくさんの植物が繁茂する時、その呼吸は軽やかになるのだという。海は地球の血であり、川はその血管。したがって、そこが清くなっていなければ、地球のあちこちに故障が起こる。そして又、沖縄に無数にある大小さまざまの洞窟（その多くは鐘乳洞である）は、地球の陰部にあたるのだという。したがって、洞窟を清め、大切にすることがないと、新しい生命が生まれてこないというのだ。水、空気、大地、そして太陽と緑。それらは地球が生き生きとした生命体として維持できる根本的な要素であって、それらが欠けたり失われたりすると、地球はその生命維持のため、自らの力で復元しようと、自らを調整する。それがいわゆる天変地異になるというのだ。

したがって、ハツさんが洞窟の中に散在していた遺骨を葬り清めたあと、神がかりになった時はスサマジイ。「男たちよ、もう男のわがままは許しはせぬぞ。あの大東亜戦争は、オレガオレガの我欲争い。欲と欲とのぶつかりあい。平和の女神は争い求めぬ。おしみなく愛を与え、ともに育てあうものぞ。世の中かわるぞ。かえねばならぬ。母の光を投げねばならぬ。うけとってくれよ、心ある人！」

大粒の涙をポロポロこぼして、誓うようにそういうのだ。髪を長くたらし、白い装束で洞窟の中から現われるハツさんは、女のもつ生命を生みだす凄絶さをそのままに現出する。

巫女

わたしはあの蛇の棲む洞穴
わたしの臍から男たちの宿命が生れ
すべての知恵が大地の一つの穴から生れる
神の姿がわたしの闇の中にあらわれ
また消える
わたしの中に葬むられぬ恋人とてもない
わたしはあの怖れ求められる炎の場所

そこで男と不死鳥が焼きつくされ
わたしの低い穢された寝床から
新しい息子　新しい太陽
新しい空が立ちあがる

もっとも大切にされなければならないものが、見捨てられ、汚され、踏みつけられている。空気は汚れきり、大地は農薬で死に瀕しており、しかもアスファルトの下で呼吸もできない状態になっている。そして海は、さまざまの廃液と汚物で既に飽和状態になってしまっている。こうした状態が頂点に達した時、呼吸のとまった地球は、押し込められた生命力を一挙にとりもどすのである。地下に眠っていた火山脈は大噴火をおこし、地盤を移動させる。もはや、こうした天変地異は必然的であって、あとは時間の問題なのではあるまいか。

神々の叛逆の狼煙

ぼくが沖縄で体験したものは、第一に、人間が自然的存在であるという確認であった。あたり前のことではあるが、人間は自己の肉体（生命）を維持するために、食べなければならない。そして、単に自己の生命を維持するためだけではなく、人間という自己の属する種族の生命を維持するために、子どもを生み育てる。この生命維持活動は、人間が生きてゆくためには絶対に必要なことなのだ。

　この事実をはなれて、人間の存立基盤はありえない。そして、これらの原則を実現しようとすれば、人間は、そこに、ある「関係」を生みださねばならない。いうまでもなく、一つは、自然と人間との関係であり、もう一つは人間と人間との関係である。これら二つの関係は別々のものではなく、分かちがたく結びついている。例えば、炭酸ガスを吸い酸素を吐く木々の緑と、人間との関係が成立していなければ、人間も木々も共に倒れてしまうし、人間が排斥したものを大地が栄養分にしていなければ草木は充分な成長をとげられないということからもわかるように、他の生命ある存在と人間とは、共存関係の中で、共に生きてゆくことができるのである。そして、自然との関係を保障するものは、人間の関係の総和としての集団である。つまり、自然との関係と同じように、人間は人間同志の関係をとり結んでいる。そして、この関係の質が自然との関係の質をも規定するのである。

　数々の行事をして、ぼくが沖縄を発つ時、ぼくの頭には切迫した地震のイメージはなかった。しかしハツさんはぼくにいうのだ。

「日本にもどると、火のたたり、水のたたりが多くおきますよ。それは、みんな知らせと思ってくださいよ。原因不明の病気、精神病、多くでますよ。それも知らせと思ってくださいよ。」

　はたせるかな三月の下旬に東京にまいもどったぼくは、四月はじめの大阪で七〇名の死者をだしたガス爆発をかわきりに、いっせいに表面化した公害の底知れぬ不気味な地鳴りを聞くことになった。自らの手で、自らの首をじわじわとしめつけているように、公害とよばれる種々の現象は、日一日と人間を殺してゆく。いわば、一日ごとに殺されてゆくということだ。いまのところ、公害問題も、目に見えるところで問題が表面化し、そこだけに応急処置がほどこされているが、実は、目に見えないところで、人間がつかみきることができないところで、事態は激しい勢いで進んでいるのだ。誰もまだ、これが人類の滅亡と結びつくとは考えていない。だが、このままの進度でゆくのなら、遠からず、巨大な異変が起ることは、ほぼ間違いないのだ。

一体、このとめどない道は、いつ始まったのか。それは、おそらく梅原猛氏がいうようにデカルトに始まったのであろう。

「ルネ・デカルトは、すべてを疑って、最後に疑うべからざる自我に達した。すべてのものが疑わしいとしても、疑わしいと思っているこの自我は、たしかに存在している。思惟する自我がデカルト哲学の出発点であった。

そして彼は、その思惟する自我から出発して、初の存在証明を通じて、客観的な物質存在証明に達した。思惟する自我と自然科学的に説明される物質、それが、デカルトにおいて主たる二つの実体であった。いいかえれば、そこで人間と物質だけが、もっぱら存在権を主張していた。この西洋哲学に起こった存在論の革命は、やがて、現実の西洋文明の、そして西洋文明を採用したすべての世界の文明の運命となった。それはいわば人間と物質の淫靡な野合の文明であった。

……私は近代文明を理論づけたデカルトの二元論は、神々と、生きとし生けるものから存在権を奪ってしまったと思う。」（「万国博の後にくるもの」）

人間は、自らの力によって、他の生命ある存在を抹殺してきた。人間にとって唯一価値あるものは「物質生産」であり「生産性向上」であった。人間に都合よいように全てを変え、生産力の増大の名において、他の生物の命を抹殺してきた人間は、自然の調和をこわし、自然のバランスを崩すことによって、自らも生命ある存在として「死」に追い込まれてゆくのである。

近代文明は、人間以外のすべての生きものを、単なる「もの」として扱ってきた。おそるべき傲慢さで。しかし今、自然という内実をもつ神々は、その「もの」として扱われた「生きもの」たちの怨念をはらすために、人間という生きものをも又、「もの」として抹殺する運命を暗示しているのである。

神々は、叛逆の狼煙《のろし》を不気味な地鳴りを伴いつつあげたのだ。

自らの始源的生命をとりもどす

再び今、あの夢の中で、チョゴリを着ていた少女の言葉が浮かんでくる。二五年前、広島と長崎に投下された「原爆」とは一体何だったのか。原爆を投下する思想とは何であったのか。あきらかに、自らに相対するものは抹殺せよ！　という、西洋文明の極地ではないのか。生きものを「もの」として苛酷に扱うということではなかったのか。とするなら、その被爆国としてのぼくらは、そこから、いかなる価値観と、思想とを生みだせるのであろうか。かつて、埴谷雄高は、「敵を殺せ！」という政治の論理と対極のところに組織論を構築することを訴えたことがあった。「軍隊のなかですらその指導原理が逆方向へ変革されつつある現在、あらゆる組織の闘争理論もまた決定的に変革されなければならぬ時期にさしかかっているといえる。

組織の強力性がひたすら暴力で相手を破砕することにあるのでなく一見敵としか見えぬものをついに味方化するためのものでなければならぬとすれば、その運動方式、内部構造もこれまでとまったく違っていなければならないだろう。相手の射撃にすぐさま対応する応射主義をそれとまったく違った新鮮な弾力に充ちた方式に一変するため、あらゆる創意がこらさるべき、いわば開花の時期にさしかかっているのである。」（「組織と闘争と敵」）

そしてこの時、ぼくは再び、「関係」の問題を考えねばならぬと思う。人間の実体とは徹底して「関係」そのものであり、それは相手との相互浸透を通しての「生の拡充」のしあいと考えなければならぬと思うからである。自分がより充実するためには、相手も又充実していなければならない。それは、相手が充実してくれれば、自分も豊かになるといいかえも出来るように、相手と自己とは不可分な関係になるのである。こうした関係が網の目のように拡大してゆく時、それらの集団は、一つの共存関係を内包した新しい「社会関係」＝共同体を形成することになるだろう。

しかし、こうした関係が、そうたやすく生まれることはありえないことは、状況の産物としての人間の弱さ故に充分承知している。

しかし、加速度的に現実が人類滅亡史への道をつっぱしっている時、生命論を一つの軸とした関係の輪を拡げることはどうしても必要なことなのだ。

これから以後、単なる「夢」としてでなく、現実的に日常的馴れあいをブチ破る事実が次々に起こるだろう。世界史的にみても、その集中点はおそらく日本であり、最も早く矛盾が激化する故に、人々は日常的に苦しみを受けることになるだろう。

それは、いわば、日常的原爆投下とでも呼ぶべき事態である。日常的な死への行事である。それは、いまだ人間が一度も対面したことのない大自然（神）の苛酷な復讐の幕あけなのだ。

人類だけが永久に生きのびられるという神話は、どのように論理をくみたてても成立不可能である。個的な生物の命が有限であるように、地球も又その生命を終わらせる時がくる。とするなら、その上で棲息する生きものとしての人類もまた、有限なのである。

そうした全ての事実を踏まえた上で、今ぼくらが求めるべきものは、生命体としての人間の「生き方」であり、それを支える価値観の創造である。

状況が日常的な滅亡史であるのなら、ぼくらのとる道は、日常的な革命以外にはない。

そして、おそらく、その時、ぼくらを支えうる新しい論理とは、生命あるものを全てをまず認め肯定するところから出発するであろう。そして、その共存の関係は、存在する全てとの激しい「一体感」を呼びさますにちがいない。その時、人間も又、一種のエネルギーの渦に変質して、自然としての人間をとりもどすことになる。自然としての人間の回復は、とりも直さず神々の復権とつながり、人間は自己の内に自然を、つまり神々をとりもどすのである。そしてその時、地球上に天変地異が起こったとしても、自然的人間は、対他的にその事実をとらえ、おそれ、逃げまどうことはないだろう。それは、自らの怒りなのであり、叛逆であって、自らの始源的生命をとりもどす聖業だからである。

今、極限までジリジリと追い込まれたぼくらにとって、ただ二つの問題だけが提示されている。それは、自らの生を維持しようと思うなら、自然との関係を含んだ共存関係を具体的に生活している状況の中でつくりだしてゆくということである。抹殺と生産の論理ではなく、共存と生命力の論理で状況を変えるという日常的な営みに賭けるということである。そして二つめには、そうした具体的な生活の中から新たなる価値観と、思想とを生みだすということである。

たとえ、人類を含む生命の滅亡という事態になっても、その死の方向性は見定めたいものと、ぼくは秘かに思っている。

（初出：『ＫＥＮ』８、一九七〇年一月刊）

Ⅱ

子どもと いのち

子どもにとっての憲法・教育基本法

文部省がつくった『新しい憲法のはなし』

沖縄大学の加藤です。今日は、戦後の自分史に引きつけて、三つに分けてお話しししたいと思います。

一つは、教育基本法と、憲法を明確に切り離すという動きが出ていることです。二つめは、先ほどから出ている、子どもが変わったということですね。三つめは、学校はいまどうなっているのか、学校のイメージをもう一度取り戻したい、ということです。

私は、一九四一年生まれですが、東京に生まれまして、生まれてすぐに太平洋戦争が始まりました。一九四五年三月一〇日には東京大空襲がありました。このとき、防空壕のなかで、妹が亡くなりました。それ以来、ぼくは、人混みのなかに巻き込まれると非常に不安になりまして、人混みのなかでは誰かが死ぬのではないかという恐怖感に襲われます。

それから戦争というのは、とてもひもじいもので、食べるものがまったくありませんで、煮干し一つもらっただけで、非常に嬉しかった記憶があります。妹のことがありましたので、戦争というのは人が死ぬことだというふうに結びつきます。非常に恐ろしいものだと。

日本が敗れて、戦争が終わって、新しい時代に変わり、そうして小学校に入りました。新しい時代が始まったというのは、子どもたちも、教師たちも、みんなが新しい学校を取り戻すという気分がありました。資料にあります、これは当時文部省がつくった、中学校一年生向けの、『新しい憲法のはなし』というものですが、これはぼくは小学生だったので、直接習ってはいませんけれど、これをみると、新しいイメージが膨らんでくるのだわかります。

軍事物質を溶鉱炉に入れて、新しい憲法のなかに入れてしまうと、鍋とか釜とか生活に役立つ物が生まれてくるというイメージが膨らんできますね。戦争というものが、こういうふうに変わっていくよ、ということがわかります。新しいものが、新しい命や喜びが生み出されてくる、ということが、子どもたちに伝わっていったと思います。

それから、基本的人権というのが説明されています。

「じぶんの思うことを言い、じぶんのすきな所に住み、じぶんのすきな宗教を信じ、能力に応じて教育を受け、政治に参加する」と書かれています。

また、本文のなかでこう言われています。

「そこでこんどの憲法では、日本の国が、けっして二度と戦争をしないように、二つのことをきめました。その一つは、兵隊も軍艦も飛行機も、およそ戦争をするためのものは、いっさいもたないということです。これからさき日本には、陸軍も海軍も空軍もないのです。これを戦力の放棄といいます。『放棄』とは、『すててしまう』ということです。しかしみなさんは、けっして心ぼそく思うことはありません。……

もう一つは、よその国と争いごとがおこったとき、けっして戦争によって、相手をまかして、じぶんのいいぶんをとおそうとしないということをきめたのです。おだやかにそうだんをして、きまりをつけようというのです。なぜならば、いくさをしかけることは、けっきょく、じぶんの国をほろぼすようなはめになるからです。また、戦争とまでゆかずとも、国の力で、相手をおどすようなことは、いっさいしないことにきめたのです。これを戦争の放棄というのです」。

ぼくは、これを、戦後民主主義のなかで学びましたが、小学校でしたので、ほんとにちっちゃい学校でしたけれど、なにかを決めるのでも話し合いをして、一人でも反対がいると、なんでその子は反対なんだろうとみんなで話すんですね。そういう授業をするんです。学校のなかには、購買部というのができまして、子どもたちが自分たちで物を売ったりしていました。そこで子どもたちが自分たちで学校の運営にかかわっていいということで、それが当たり前のことで、学校の決まりをつくっていくのは、子どもたち自身なんだということです。先生は、それに協力するというのが、戦後民主主義の教育でした。

そういうわけで、校長先生というのも、ぜんぜん怖くありませんで、先生と相撲などして、後ろからとっくんで倒しても、嬉しがりながら「このやろう、強くなったなあ（笑）」という程度で、そういう小学校の雰囲気がありました。

「役人が守るのを俺たちが監視するのだ」

先ほどの続きで、『新しい憲法のはなし』には、こうあります。
「くうしゅうでやけたところへ行ってごらんなさい。やけただれた土から、もう草が青々とはえています。みんな生き生きとしげっています。草でさえも、力強く生きてゆくのです。ましてやみなさんは人間です。生きてゆく力があるはずです。天からさずかったしぜんの力があるのです。この力によって、人間が世の中に生きてゆくことを、だれもさまたげてはなりません。しかし人間は、草木とちがって、ただ生きてゆくというだけではなく、人間らしい生活をしてゆかなければなりません。この人間らしい生活には、必要なものが二つあります。それは『自由』ということと、『平等』ということです。
人間がこの世に生きてゆくからには、じぶんのすきな所に住み、じぶんのすきな所に行き、じぶんの思うことをいい、じぶんのすきな教えにしたがってゆけることなどが必要です。これらのことが人間の自由であって、この自由は、けっして奪われてはなりません。そこで憲法は、この自由は、けっして侵すことのできないものであることをきめているのです」。

こうした戦後民主主義教育の精神を定めた憲法と対応する教育基本法の制定にかかわった、南原繁（当時東大総長）は一九五五年にこう言っています。
「今後、いかなる反動の嵐の時代が訪れようとも、何人も教育基本法の精神を根本的に書き換えることはできないであろう。なぜならば、それは真理であり、これを否定するのは歴史の流れをせき止めようとするに等しい」（「日本における教育改革」、『南原繁著作集』第八巻所収、一九七三年刊、岩波書店）。

ぼくはこの言葉をずっと大事にしてきて、骨身に浸みたのですが、ぼくはのちにですね、大学を卒業して、小学校の教師をやりまして、五年間経って辞めまして、もう一度自分を見つめ直したいと考えました。それから、放浪生活のあとに、横浜にある寿町というところで、ここは日雇い労働者の街なんですが、そこでケースワーカーをしておりました。そのときに、労働者を集めて、自由学校をつくろうということで、彼らはまともに学校にも行けなかった人たちばかりで、それでなにを勉強したいかと聞いたらですね、なんと、労働基準法を勉強したいというんですね。失業保険とか権利を知るためにですね。そうすると、労働基準法の前に、やっぱり憲法だろうという意見が出て、それで自由学校で憲法について勉強することになりました。

日雇いのおじさんたちが三〇人か四〇人集まって、そのときに使ったのが、先ほどの『新しい憲法のはなし』なんですね。そのときに司法試験に受かったことのある、宮館さんという人がいて、その人が講師になって始まりました。いちばん初めにその人は、「この憲法を守るのは誰か？」と言ったんですね。

そうすると、みんな「俺たちが守らねえといけねえんじゃねえか」と言ってたんですが、そのおじさんが「いや、これを守らねえといけねえのは、役人なんだ」って言ったんですね。「これを守るのは、役人なんだ。役人が守るのを、俺たちが監視するんだ」ってね。だから、君たちが憲法を知らなかったら、監視できないじゃないか、と言うんです。

それで、みんなで、この冊子を一行一行読んでいきました。それで、おじさんたちが役所に行ったら、役人に「お前は憲法の何条を知ってるか」と問い聞いたりして、面白いことがおこりました。

ぼくは、この教育基本法の問題が出てきたときに、じつは、私たちがもう一度これを勉強し直す必要があると思いました。守らせるべきの学校の教師が、読んでない。守られるべきの子どもたちも、読んでない。読んでいないということは、つまり、私たちは、責任を果たしていない。したがって、どんどん状況が変わっていくことにたいして、異議申立てすらできない、ということになってしまっている。

だから、もう一度、教育基本法を読み直し、憲法をじっくり読み直していかなければならないと思います。

これを知っていないと、いま出てきているような、教育基本法「改正」のように、国民に守らせるべき道徳とか愛国心とかが規定されている、まったく逆の発想がおかしいということに気づかない。憲法や教育基本法は、国家に守らせるために国民が決めたことなのに、逆に、私たち国民に守らせるべき内容に変えようとしてきている。まったく逆なんですね。

地域の学校を変えていく

二つめの話になりますが、子どもたちが変わったといわれています。ぼくは、一九七〇年代以降、大きく子どもたちの世界が変わったと思います。ニール・ポストマンという教育学者がいるんですが、この人がこう言っています。いままでは、文字を中心に教育がなされてきたが、それは大人が文字を知っていて、子どもたちは文字を知らない、それで大人が子どもに文字を教える、ということが中心になっていた。それが学校で、文字を学び、いろんな知識を大人から学んで、大人に追いついていけばよかった。

しかし、その後、テレビというものが出てきた。そうすると、子どもは、テレビから知識を得ていき、目の前の大人について行くということがなくなった。学校で得られる知識以上に、学校の外で、マスメディアによって流される幅広い知識に浸かっている。こういう構造があります。

以前は、学校にしか行くところはありませんでした。つまり学校は、遊び場であり、居場所であった。コミュニケーションできる場所でした。あるアンケートがあるんですが、中学三年生の子どもたちに、もっと勉強やりたいですか、というアンケートをとったんですが、一九六五年は六五％でした。二〇〇〇年は、二四％です。つまり、もう子どもたちは学校で勉強したくないんですね。

学校はすでに行きたくないところになってしまいましたが、では、なにがいちばん楽しいのかと聞くと、寝る時間と、それから友だちと一緒にいる時間、つまりコミュニケーションの時間ですね。これをもう学校は提供できなくなっています。教師も忙しくて、コミュニケーションできなくなっているからです。

学校では、一生懸命勉強することが君たちのためだよ、将来のためだよと言いますが、大学に行ったり留学したりするのが将来のためと言われても、子どもたちは自分の将来の夢を語れなくなっています。大学へ行き、留学して国際的に活躍する人と、それどころではなくまともな仕事にも就けない人というふうに、極端に二分化して、中間がどんどんなくなってきています。常勤のサラリーマンというような人が減ってきて、非常勤やパートなんかが増えています。

では、教育基本法第三条になんて書いてあるかと言えば、明確に「教育の機会均等」とある。これはまだ消えてません。当然これは要求すべきです。子どもたちが変わってきたということは、社会が変わってきたということですけれど、子どもたちの意欲や夢を抱かせることができなくなった、そういう社会に変わったということです。そして、そうなった責任を、学校だけが負わされて、先生たちが一生懸命教えても、子どもたちには展望がもてない状況が背後にある。そういうわけで、いまさまざまな事件が起こっています。

しかし、学校というのは、地域の人にとっては、子育てセンターなんだということを、もう一度、捉えなおさなきゃいけない。子どもたちの生活の居場所ですね。だから、たった一人でも苦しんでいる子どもがいたら、仲間として支え合って、一緒になって、悩みを解決してあげる。けっして、一人の問題をなおざりにしない。切り捨てないで、どうして問題なのかを一緒になって考える、そういう場に学校がならないといけない。

そういうふうにして、自分の地域の学校を変えていくことのなかに、憲法や教育基本法を支えていく力があると言えるんじゃないかと思います。

（初出：『沖縄から憲法九条を守るために』高良鉄美発行）

「子どもの島・沖縄」への夢

あの日、世界は変わってしまった

二〇一一年三月十一日、この日は、東日本巨大地震が起こり、原子力発電所の大事故と重なり、ぼくらの生活を根底から問い直さなければならない日となってしまった。

「大変言いにくいことですが、これから10年後、20年後、福島の子どもたちには癌が多発する可能性があります。……もちろん福島に限らず、もはや日本は放射能まみれです。

残念ながらそれが現実です。つまり、変わってしまった世界を、これからずっと私たちは引き受けなくてはならない。覚悟を決めてそこで生きていかなくてはならないし、汚染の中で子育てをしなければならないのです。」（『原発、放射能、子どもが危ない』小出裕章・黒部結一著、文芸春秋、一二三頁）

あの日以来、ぼくも言葉を失い、何をしていいのかわからない日が続いた。

そんな時、沖縄の離島、渡嘉敷島で「わらびや」という留学センターをやっている坂田竜二夫妻から、被災地の子ども達を沖縄で受け入れたいという提案があった。

何回か話し合っているうちに夏休みに実行しようということになり、「ティーダキッズ・プロジェクト」の企画が出来上がった。

ティーダは沖縄では「太陽」の意味。したがってティーダキッズは「太陽の子ども」ということになる。

こうして被災地の子ども達を受け入れ、沖縄で元気を取り戻してほしいという企画がまとまった。今回は、村全体で取り組んでいただくことになった伊江島（村）と、東村のＮＰＯ「みちくさ牧場」にお願いすることにして、八月に一〇日間のホームスティが実現することになった。

申し込みの際に書いてもらった作文にはこんな文章があった。「あの日、私が生まれ育った町に黒い濁流が押し寄せ、何もかものみ込みすべてを壊し押し流していきました。」「今もあちこちにあるがれきや、損壊して残った家を見ると、あの地震の恐怖が腹の底からぐぐっとよみがえる。」

中には「自分だけが助かって申し訳ない」と書いた少年もいて、五五名の小中学生を那覇空港で迎えた時には、ほくらも緊張した。

四二名の子ども達は、伊江島で村長以下村民あげての受け入れとなり、各家庭への宿泊となった。ところが到着してすぐ台風九号が上陸、全島が暴風雨圏の中に入ってしまい、停電したのである。

地震と台風が重なり、とても不安だったのだが、この間、家の中で家族がまとまり、夜も手をつないで寝たので全く不安がなかったと子ども達は言うのである。

後半の一日、ぼくも島で宿泊したのだが子ども達はスッカリ「島の子」「家族の一員」になってしまっており、口々に「おっかあ、おっとう」「おじい、おばあ」と呼んでいるのであった。

「最初会った時さあ、おじいシーサーみたいな顔してヒゲでしょ、こわいなアと思ったけど、すっごく優しいし面白い。」

肩を組みつつ、おじいと笑いあう少年。

交流会の夜、地元の中学生九人が全員で琉球民謡に合わせて踊った。また保育園児が民族衣裳をつけ「島ゆり太鼓」を舞う。

「厳しい冬に耐え、やがて花咲くユリの花」

サンシンと太鼓の音に合わせ、りりしく踊る子ども達の姿を、東北の子ども達はくいいるように見つめていた。

まっ青な海、まっ白な砂浜。やがて月の光が海面を照らし、集った島民の心と子ども達の「いのち」が融け合っていく。最後に島の子ども達から四二人の東北の子ども達一人一人に、手づくりの「お守り」が手渡された。キラキラと美しくあふれる涙と笑顔。魂の底からふるえるような感動があった。

「本当の娘みたいにしてくれた。台風で停電したけれど全然こわくなかった。おじい、おばあがいると安心して心があったかくなるんだ」

そう少女は書いた。

別れの日、海岸で大城村長はカリユシウェアでこう語りかけた。

「心がくじけそうになったら伊江島にはみんなの家族、親戚、兄弟姉妹がいると思ってほしい。みんなはもう伊江島の村民です。村の子ども、私たちの孫です。また来なさい。みんな待っているよ。みんなの故郷、東北が復興するよう祈っています。」

「ぼくが死ねばよかった」とつぶやいていた少年が、甲板からちぎれる程に野球帽をふっていた。

「行っておいで！」「行ってきます！」

伊江島は、第二次世界大戦で米軍の激しい攻撃を打け、島の形が変形するほどに弾丸をあび、島民の四人に一人は亡くなるという凄まじさの中にあり、ほとんどの人が肉親を失うという状況にあった。その悲惨さを生き抜いた人々の体験が、これからの世界の生き方の指針になるにちがいないとぼくは感じた。

沖縄戦を生きた子どもたち

八月の後半の一日、ぼくは友人の音楽家、上地昇さんと一緒に元沖縄県知事、大田昌秀さんとお会いした。独力でつくられた「国際平和研究所」でお話を伺い、国際通りに出て明け方まで話は尽きなかったのだが、その時、ぼくは大田さんからぶ厚い二冊の本をいただいた。『沖縄戦を生きた子どもたち』（クリエイティブ21）、『人間が人間でなくなるとき』（沖縄タイムス社）。このどちらの著書にもたくさんの写真が掲載されているが、これは大田さんがアメリカ公文書館を中心に入手した貴重なフィルムで、見ているだけでいかに戦争が悲惨なものであるかがヒシヒシと感じられ、大田さんの思いが伝ってくる。

ぼくは、この本をくり返し読んでいるのだが、沖縄戦がいかに筆舌に尽しがたいほどのものであり、また余りにも苛酷であったかということを思い知らされた。

この中に、大城盛俊さんのことが書かれている。

「わたしが一九七七年に出版した『これが沖縄戦だ』という本の表紙に載せた一人の〈うつろな目の少女〉の写真の主が、敗戦後四〇年余も経って突然わたしの目の前に現われた」という書き出しで大田さんは大城さんのことを紹介しているのだが、大田さんが女の子と思っていた方は男性であったのである。

大田さんがワシントンDCの国立公文書館に保存されていた一〇万枚にも及ぶ沖縄戦関係の中から選んだ一枚の写真。

それは、おかっぱ姿のうつろな目をした「少女」が血まみれ、泥まみれになった着物を着て地べたに坐り込んでいるもの。

大城さんは沖縄本島南部の知念村生まれなのだが、家庭の事情もあり玉城村の伯父（養父）に引きとられる。そこで「おまえは我が家の大事な跡取り息子だ。戦争になると、ここいらの日本兵は、おまえら男の子に何をしでかすかわからん。だからおまえは髪を伸ばして女の子になりますがよい。」と養父に言われ、女の子として過ごすことになる。

その頃、日本兵によって地元住民三人が「見せしめ」として斬殺されていた。

米軍が沖縄本島に上陸すると村民は近くの壕の中へ避難するのだが、日本兵がその壕を陣地にするから「民間人は出て行け！」と次々と追われ、転々とすることになる。

六月三日頃には兵士が六人余り入ってきて少女姿の大城少年のリュックを取り上げようとしたので「これは私たちの食べ物です」といって必死にリュックにしがみついていると、襟首をつかまえて壕の外に連れ出され、殴る蹴るの暴行を受けたというのである。

「大城少年は、兵士の暴行によって体も着物も泥まみれにされた上、右肩が脱臼、右手は垂れ下がったまゝ自由に動かせなくなりました。そのため、養母が紐で首から吊ってくれたのです。しかも右顔面と右足に打撲症を負った他、殴られた右目が充血して腫れ上がり、目がかすんで見えなくなりました。さらに後頭部を軍靴で踏みつけられて裂傷を負いました。」（『沖縄戦を生きた子どもたち』一〇頁）

勿論、リュックは奪われ、数日後大城少年は米軍に発見され収容所に入り、そこで写真を撮られることになった。

敗戦後、養父はマラリアで亡くなり、一九五一年大阪に出て、鉄工場や紡績工場で二四年間働き続けることになる。

そんなある日、沖縄戦の渦中、実母が根拠もなしに日本軍からスパイの嫌疑をかけられ山の中で殺害されたことを村人から聞き、口も聞けないほどのショックを受ける。

大城さん一家は、沖縄が日本へ復帰して三年後の一九七五年に沖縄へ帰り、洗濯屋を開業。しかし、沖縄が日本復帰に託した夢は期待外れに終ったことを実感する。

戦没者の遺骨は未だに未収骨のまま、不発弾の処理さえ完了していない。

さらに軍事基地は、「本土並み」のスローガンとは裏腹に、むしろ復帰前より強化、拡大され、国土面積のわずか〇・六パーセントの沖縄に七四パーセントが集中。

その頃、沖縄戦の負傷者（障がい者）に年金が支給されると聞き役所へ行くが、証明するものがなければ駄目と対象外にされる。

一九八四年、腎臓結核で入院した病院で、偶然、大田さんの本の表紙に自分が写っていることを知り、大田さんと出会う。

その後、喉頭ガンの手術をし発声器具を使用してしか話せなくなったが一九八八年、大城さんは意を決して「沖縄戦を全国に訴える会」を一人で立ち上げ全国の小中学校で自らの体験を語り続けている。

「大城盛俊さんは、戦争を生き延びた沖縄の子どもたちの、柔軟でたくましい生き方の象徴的存在ともいえる」と大田昌秀さんは語っている。

「子どものまち」宣言からの出発

ぼくが沖縄に住むようになったのは二〇〇二年。その一年前にはアメリカで世界貿易センターの崩壊という大事件があった。

人間が、この地球を自由勝手に使いきって、自然崩壊が拡大していることへの、反省が求められていることを感じ、もう一度人間はいかに生きるべきかを原点に戻って考えたいと思った。沖縄戦をはじめ多くの試練を受けながらも沖縄には人類の原型が生きているという思いがぼくの中にはあった。

森、川、海、島の中で生きる人間は、自然と共に生きていかねばならない。自然がもっている厳しさと優しさを受けとめ海人として、また島人として生きていかねばならない。そこには当然のこととして、人間同士の支え合いがなければならない。

本来、生きものとしての人間がもっていた「共に生きる」という思想と現実が沖縄にはあるという思いが、何回かの訪問の中でハッキリしてきた。生きる原点をハッキリさせたいという思いがぼくの中で沖縄で暮らすこととつながっていた。

一人の人間の人生の中で、子ども時代と年老いてからの時代は、もっとも自然に近い存在だという気がする。

人間は成長すると共に社会性を拡大し、自然性を失っていく。第一次産業は自然と関わる仕事であり、人間は自然との関係の中で生きてきた。しかし、産業、工業が中心の社会になると自然は加工の対象となり、人間中心（自己中心）の社会になってしまう。

いまぼくらが生活している時代は、大量生産、大量消費、大量廃棄の社会になっている気がする。人間もまた利用、加工すべき対象とされてしまい、共に生きる関係ではなくなってしまっている。

原子力発電所、放射能、プルトニウムという存在も、共に生きる関係とは大きくズレてしまった。手仕事、肉体労働が減って、機械化がドンドンと進んでしまっている。

ぼくらが気軽にコントロールできる関係や世界が少なくなり、全て専門家に頼らなければならなくなってしまった。

安心して働き暮らす社会から、たえず緊張する、不安定な雇用形態へと変ってしまった。沖縄も、また日本社会も本来もっていたユックリと、また一つ一つ丁寧に関わり合う安定感のある暮らしが消えてしまった。

そんな中で地域みんなが「宝」のように大事にし、育てていた「子ども」も一つの商品として加工するような「学校教育」に吸収され、学力テストがその評価の中心になってしまっている。日本国憲法のもとでの、安定した生活を期待していた沖縄の日本復帰は、競争社会、効率と能力社会への変質となってしまい、沖縄の文化も大きく揺らいでいる。

沖縄に来て、ぼくが驚いたのは、沖縄がドンドンと日本に同化していくという現実だった。

沖縄は沖縄としての文化と伝統、歴史を大切にし、その暮らし方の中で「子育て」も考えるべきだという思いが日に日に強くなっている。

何よりも、沖縄の地域文化が消えていく不安がある。産業構造の変化によって文化も変ってくるが、サービス業が増え深夜労働が増えると、夜を子どもだけで過ごすことも多くなる。淋しい子ども達の深夜徘徊の現実。

将来のイメージがよく思えてこない不安。

しかし、地域には子ども達を支えようとするたくさんの人々の思いがある。

数年前から「沖縄子ども研究会」を発足させ、各地で子どもと関わっている団体、サークル、個人の方々との交流会を続けてきた。そこで明らかになってきたことは、沖縄にある四一の自治体が、もう一度地域の共生力を取り戻す以外には、沖縄の素晴らしさを再生できないということであった。

地域をとり戻すには、何がその軸になりうるかと考えていくと、そこには未来を内包した「子ども」という存在がいるというところへたどり着く。

いま、各地の自治体（市町村）が、子どもを軸にした「地域づくり」を考え始めている。

那覇市、沖縄市、名護市、浦添市、豊見城市と次々と「子どものまち宣言」をつくっている。

子ども達にとって住みやすい地域環境はどういうものかと考えていくことによって、子どもという自然を受け入れる暮らしづくりが始っていく。「こどもの国」という沖縄では唯一の「子ども空間」をもつ沖縄市が、子どもを中心とした行政づくりに取りかかっている。それは「ゆいまーる」のまちづくりになるはずである。

県内の子ども関係団体でまとめた「沖縄子ども白書」（ボーダインク刊）を昨年まとめたが、沖縄市が「子ども白書」の刊行を計画している。また米軍ジェット機が墜落して多くの犠牲を払った宮森小学校の現実を映画にする動きも始まっている。沖縄はいま、子どもの島、子どもと共に生きる島としていのちの再生への取り組みをはじめたところである。

（初出：『日本児童文学』二〇一一年二月、日本児童文学者協会刊）

学び合いの環境をどうつくるか

学力は経験の総体によって形成される

現在、学力とは何かと問われた場合、多くの答えは、学校教育の中で行われる試験（テスト）によって点数化された「学力」であるとされている。

学校教育の中で、担任の教師によって提出された問題を解き、教師の求めた回答ができた時、課題ができたとされ、一定の学力があると評価されている。当然のことではあるが、教師は文科省によって作成された教科書を基本として教えており、年令、学年に応じて学ぶべき内容、教えるべき教科は定められている。

つまり、国によって教育内容が決められ、文科省の学習指導要領に基づいて作成された内容に基づいて各教科の内容が定められているということになる。

小学校の低学年から高学年へ、さらには中学校へと、その年令に合わせて教えるべき内容が整理され、系統化されて学習内容が決められている。

したがって、その一つ一つの学習内容を学び、習得していくことによって、社会生活を営む力がついていくと考えられている。

またその前提の上に学習は行われている。

こうした視点からみる時、全国学力テストは、国の定めた教育内容をどこまで理解できたのかという課題を測定する上では有効な手段といえる。

しかし、ここで問題にしたいのは、こうして計測される学力は、あくまでもペーパーの上で計られるものに限定されているという点である。

つまり、学力テストにより、点数化される「学力」は目に見える学力であり、点数化できない、いわば目には見えない学力も存在しており、学力問題をより本質的に考察する場合には、この両者、「目に見える学力」と「目に見えない学力」を総合化して考えねばならない。

本来、カリキュラムという言葉はラテン語に語源をもち「人生の来歴」という意味をもつと言われている（『現代カリキュラム事典』日本カリキュラム学会編、ぎょうせい、二〇〇一年刊）。

その視点から考えると、カリキュラムには、広義には「生きられた経験の総体」という意味があると言える。見えない学力とは、こうした子ども達の生活経験によって形成されていると考えられ、こうした生活経験は、子どもを取り巻く「生活環境」によって規定される側面をもつと考えられる。したがって、子どもの学力問題を考察する場合には、この見えない学力、つまり子どもの「生活経験」について注目する必要があると考える。

そこで課題は、子どもの学力がその経験の総体によって形成されるとすれば、その経験の質をどのように豊かにすることができるのかというところに集約されるように思われる。

学力の構成要素とそれを支えるもの

子どもの学力を考察する上で、注目すべき研究がある。「学力の樹」という考え方である。提案者は志水宏吉氏（大阪大学教授）であるが、学力を一本の樹によって説明している。樹は、葉・幹・根の三つが一体となって成立している（「学力の樹」『解放教育』No.四一一、明治図書、二〇〇二年刊）。

根は、アイデンティティ、セルフエスティーム（自尊感情）などを示し、幹（枝）は、思考力、決断力、表現力を示す。

葉は、そうした成果として結実した総体の表現（学力）と考えることができる。

さらに、樹は一本だけでは台風や洪水に耐えられず、集団（グループ）で育つものとされている。

子どもの学力も、一人のみで育つというよりも集団の中で育つという側面を濃厚にもっている。樹を構成する三要素の中で、もっとも重要なのが「根」である。

充分な水と養分を樹の体内に供給しなければ、樹は枯れてしまう。

樹の根はどのようにして、守られつくられていくのであろうか。まず根が張るべき大地が必要であり、その土壌が豊かでなければならないし、充分な水分や養分も含まれていなければならない。

この視点に立って、以下、子どもの学力を育てる三つの要素としての家庭、学校、地域について考察したい。

学力の二極化現象とその克服

学力問題で普遍的に表われる現象の一つが「できる子」「できない子」という分極化現象である。

上位と下位に集中し、中央が少ない二コブラクダ化の現象が示され、この格差をどのように埋めていくのか、また変えていけるのかという問題が現代の大きな課題である。

この学力の二極化は、家庭での生活（養育）環境とのつながりが大きい。

特に中学生になるとこの傾向は激しくなり「勉強がおもしろくない」「勉強をやっても意味がない」と学ぶ意欲を失っていく生徒が多くなる。

フランスの社会学者、Ｐ・ブルデューは、生活環境を三つの側面から分析し、「社会関係資本」の役割について言及している（『再生産』藤原書店、一九九一年刊）。

ブルデューは、生活環境全体を「文化資本」と考え、この文化資本は三つの要素によって構成されていると説明している。

一つは「経済資本」で、これは資産を表わし、基本は貨幣（お金）である。

二つ目は「文化資本」とされ、この内容が三つに分かれる。第一は客体化された文化資本で、これは書物（本）や楽器など。

第二は制度化された文化資本で、学歴や各種の資格が含まれる。

そして第三は身体化された文化資本で、いわば生活習慣とよばれるもので、身についたものである。こうして「経済資本」「文化資本」と並ぶ三つ目のものは「社会関係資本」とされ、これが人間関係であると説明されている。

ブルデューは、この三種類の「経済資本」「文化資本」「社会関係資本」が、人間が生活する上で極めて重要だと指摘している。

家庭、学校、会社などさまざまな集団の中で暮らす上で重要であるだけでなく、そこで生きていく力が再生産されていく基本であるとも説く。

この中で文化資本の中の「身体化された文化資本」をハビトゥスと呼んでいる。

これは「生活行動（様式）」のことだが、これが特に重要であると指摘している。

この基本的生活習慣は、主に家庭の中で形成され、親との暮らしの中で形成されていく。

乳幼児期の「基本的信頼感」（エリクソン）なども家庭内で形成される。

こうした前提の上で、学校は階層的要因による教育達成上の格差をどのように是正し、克服していくのかが問われている。

そのためには「わからない」「できない」子ども達を受けとめ格差が生じないようにする教育実践が行われなければならない。

クラスの中でわからない子がいた場合、おきざりにならないようにする対応が求められる。わからない時にはわからないと言えるクラスの関係性がつくれる必要があり、子どもが学ぶことに集中できる一生活環境」を整えることも必要になる。それは、学習活動を一人一人個別な課題となるのではなく「学び合い」の関係を日常的につくっていくことにつながっていく。

学力問題の「根」は、社会関係資本としての人間関係の構築にこそ基本があり、その中で学び合うことの楽しさを知っていくことができるかどうか。そこに本質的課題があるということになる。学習集団（学び合いの仲間）は、学校を卒業してからも社会集団の中で活かされていく。

学力問題は、子どもだけでなく、教師集団、そして地域の人々との関係構築へと拡大され、そうしたネットワークの細かな網の目の形成を背景として深められるものである。つまり、教師に人間関係を形成する力量が問われているということであり、目に見えない学力としての文化資本、社会関係資本との関わりの中で、学力問題は再度検討されなければならないと考えられる。

（初出：『日本教科教育学会誌』二〇一二年三月）

生きている実感

泣いた、笑った、うまかった水……あの気持を思い出そう

「もし、ぼくが死んだらどうしょう。」

小学生のころ、近所のおじさんが亡くなってお葬式に行った夜、ぼくは、ぼく自身が死ぬことを考えて、ドキドキするほど不安になったことがある。

「死んだら、この世からいなくなってしまうんだッ。」ということは、何ともおそろしかった。突然にぼくだけが消えてしまい、だれからも忘れられてしまう。友だちや、お父さん、お母さんとも別れてしまうんだ。

悲しくて、こわくて泣けてならなかった。

数日間、ぼくは死ぬことばかり考えて、生きていることがつまらなく思えてきた。

しばらくして運動会の練習で、おそくまでグラウンドを走り回り、汗グッショリになったことがある。のどがカラカラで、水道の水をグビグビと夢中でのんだ時、冷たい水がのどを通って実に

うまかった。

うれしくて、とってもスガスガしくて、とってもいい気持ちだった。

見上げると、夕焼けが美しく、ぼくは思わず口笛を吹いていた。

後に、ぼくは谷川俊太郎さんの「生きる」という詩を読むことになるのだが、その時にこの日のことを思い出していた。

生きているということ
いま生きているということ
それはのどがかわくということ
木もれ陽がまぶしいということ
ふっと或るメロディを思い出すということ
くしゃみすること
あなたと手をつなぐこと

のどがかわいて冷たい水を夢中でのんだ時の、あのスガスガしさ。鼻がムズムズして思わず「ハックショーン」とくしゃみをした気持ちよさ。それから、歌をうたいながら自転車にのっていた時のノンビリした気持ち。

そして、フォークダンスで好きな女の子と手をつないで、うれしくって、はずかしくって、どうしていいのかわからなかった気持ち。それが生きているっていうことだったんだって、ぼくはわかるようになったんだ。

今でも死ぬことはこわいと思うことがある。でも、泣いたり笑ったり怒ったりしている時、冷たい水をゴクゴクのんだ気持ちを思い出して、生きているっていいなアと思う。

忘れられない思い出をいっぱいつくって、すてきな詩をつくりたいなと、ぼくは思う。

一つ一つまねしていくこと、それはいちばん大事なこと

ぼくが小学二年生のと時、近所にヒデちゃんという二つ年上の男の子がいた。

かけっこも速かったし、ボール投げもうまかった。そのヒデちゃんが、自転車のりの練習をはじめた。おとな用の自転車はヒデちゃんには大きすぎて、ヒデちゃんは三角のりをすることになった。

けれども、なかなかうまくゆかず、ヒデちゃんは何度もころんで、手や足をすりむいて、いたそうだった。それから何日かするうちに、ヒデちゃんは、とうとう自転車にのれるようになった。とくいそうに三角のりでスイスイと田んぼ道を走っているヒデちゃんを見て、ぼくはうらやましくてならなかった。

ぼくものりたいなァ、ヒデちゃんみたいになりたいなァと思って、お父さんの自転車をかりることにした。ヒデちゃんのまねをして重い自転車をおしてみるのだが、すぐにころんでしまう。

ブレーキがきかず、電信柱にぶつかったこともある。サドルが曲がって、目から火花がでるくらいいたかった。

手や足から血が出て、ツバをつけてがんばったけどダメだった。ヒデちゃんは、ぼくのそばへ来て、「もっと外の方へおしてみろよ。」とおしえてくれた。「ぜったいにのれるぞ。のってみせるぞ。」と、ぼくもヒデちゃんのの り方をまねして、ヒデちゃんよりはおそかったけれど、ようやくのれるようになった。

よくのれたなァと思うけれど、やっぱりヒデちゃんのまねをしてよかったと思っている。まねをしたいなァ、ぼくもやってみたいなァと思ったら、もう半分はできるようになっている、というのは本当だと思う。

まねしたいことが見つかったら、ぜったいできるようになると、ぼくは信じている。

小学校の時、村山先生というステキな先生がいて、ぼくは村山先生みたいになりたいなァと思っていたけれど、本当にそれからぼくは小学校の先生になることができた。

しかも、村山先生と同じ小学校の先生になったので、ビックリしてしまった。

受けもちのクラスの子どもたちが、ぼくの教え方を見て、「村山先生とよくにてるね。」と言うので、ぼくは、やっぱり村山先生のまねをしていたのかなァと思って笑ってしまった。もしかすると、人生は、まねをしたくなることと出あうことなのかもしれない。

そして、一つ一つまねしていくことが、人生では一番大事なことなのかもしれない。

ぼくは、これからもステキな人のまねをつづけるつもりだ。

自分という人間も、名前も、世の中には一つしかない

あげていました。
小学校の先生をしていた時、ぼくはクラスの子どもたちに、よくぼくのつくった童話を読んであげていました。

その中に「名まえを追いかけろ」という作品がある。

——ある朝おきてみると、ひかる君は自分の名まえをすっかりわすれてしまっていた。胸につけている名まえふだの名まえも消えて、まっ白だし、教科書やノートの名まえもない。

ひかる君は、学校に行けば先生が名まえをよんでくれるだろうと思って学校へ行くのだが、名まえのところだけ、先生の声が消えてしまう。ひかる君は、すっかりこまっていると、窓の外に名まえが、マスクをして黒メガネ、大きなぼうしにマントを着て歩いている。

ひかる君は教室をとび出し名まえを追いかけて行く。「名まえ待てエー。」と追いかけて行くと、むこうに大きな川が見えてきて、名まえは追いつめられる。

すると名まえは、川へとびこみ泳ぎはじめる。ひかる君も川へとびこみ、一生けんめいに泳ぐ。もう少しというところまでくると、名まえは空にむかってとび上がり、空をとんで行く。

ひかる君も、ひっしにとび上がると、なんとひかる君も空をとべるではないか。とうとう名ま

えに追いつき、力いっぱい抱きつくと、名まえとひかる君はパチーンとわれて、大きな大きな「おひさま」になってしまう。ひかる君は、ほんとうは太陽だったのです――というのが、このお話。

それから何年かして、ぼくは小学校の先生をやめ、横浜の寿町というところで、船や建設の仕事ではたらくおじさんたちと「夜間学校」をはじめることにした。

勉強のはじまる前に、おじさんたち一人一人が、黒板に自分の名まえを書いてくれ、みんなでその読み方を当てたり、どうしてそういう名まえにしたのかを話し合うことになっていた。ある時、一人のおじさんが「同じ名まえの人はいるけど、自分と同じ人間は、この世の中にはいないよなァ」とポツリと言ったのです。

みんなはビックリして、シーンとしてよく考えたのですが、やっぱり同じ人間はいないということに気づき、自分という人間は、この世の中に一人しかいないと知ることになった。だから、名まえも、ほんとうは一つしかないのです。

よーく名まえを見つめてみると、なつかしくて抱きしめたくなりませんか。そう思った時、きっとほんとうの自分が見えてくる。ぼくはそう思うのです。

（初出：『毎日小学生新聞』一九九五年八月一日〜八月三日）

〈子ども〉という宇宙と出会う旅

〈いのち〉生まれ出るとき～戦争といのち、戦争と子ども

人にはそれぞれの人生のテーマを決定する原点が存在する。特に人生の初期に当たる子ども時代の体験は、その人の価値観や人生観に大きな影響を与えるといわれている。

子どもは、他者との関わりの中で成長していく存在であり、子どもにとっての人間関係の変化及び環境の変化は、大きなインパクトを与え、その人の人生観を規定することすらある。こうした環境の中で、もっとも影響を与えるものとして、生活及び成長を困難にさせる問題は次の三点に集約されるといわれている。

一つは、身体上の問題である。通常それは病気、障害、ケガなどと呼ばれる問題である。二つめは、経済的な貧困である。経済的貧困は、そこから発生するさまざまな生活上の問題を引き起こし、二次的な影響を与えるといわれる。

経済的貧困は、衣食住の不足から、人間の生きる意欲まで奪っていく。

さらに社会的孤立化へとつながり、選択肢を狭め、可能性や希望をも喪失していく。これらを統合した上での三つめの問題は、戦争又は災害と遭遇することである。この体験では両親をも失うという大きな課題とであうことが多い。

私は一九四一年（昭和一六年）東京で生まれ、誕生して一週間後に、第二次世界大戦が開始されている。東京の下町で暮らしていた家族は、一九四五年（昭和二〇年）三月一〇日には「東京大空襲」と呼ばれる米軍による大規模な空襲を受ける。東京だけで一〇万人をこえる人々が亡くなり、消失した家屋はその何十倍という数になる。

私は、この大空襲の中で、生後数カ月である妹を失う。娘を失った母の悲しむ姿や泣き声、その表情などは今も忘れられないものだが、この時の体験は、その後の生活史の中で何回もリフレーンされ、フィードバックし、わたしの生き方の原点となったことは間違いないことである。生まれて、まだ間もない幼児が理不尽に生命を奪われていく。そして、周囲の者たちの悲しみと痛み。そこから「子ども」とは何かへの関心が生まれてきたことは間違いないことである。人によって、戦争や災害から受ける課題は異なるはずである。しかし、生命への関心は共通のものと思われる。

戦争は、第二次世界大戦だけでも、世界中で二〇〇〇万人を超える人々が亡くなっている。この膨大な犠牲者は、地球上のほとんどの人々にとって、大きな心の傷となっており、その体験から新たな生き方への転換が図られたことは間違いない。

ドイツでのユダヤ人虐殺があり、広島、長崎への原爆投下、そして沖縄での地上戦がある。しかし、それは局地的な空間だけでの問題ではなく、戦争をどう考えるのかという極めて本質的な思想の問題でもある。

その中で、私は「子ども」というキーワードを発見することになった。

一九四四年八月二一日、沖縄那覇港から九州に向かっていた学童疎開船、対馬丸は米海軍の潜水艦の魚雷攻撃を受け沈没する。

対馬丸には那覇市の国民学校のほか、沖縄県内各地の国民学校の子ども達八二〇人、それに引率教師や一般疎開者八三五人の合計一六六一人が乗船していた。

この時の犠牲者は一四八四人にのぼり、救助されたのは一七七人。このうち助かった子どもの数は、わずかに五九人であった。

子ども達は口々に「お母さん助けて、お父さん助けて！」と叫びながら次々に海面へと落下していった。この悲劇は、広島、長崎、東京など各地で発生した。子ども研究は、その意味で、平和な社会であることが、どうしてもその前提となっていかねばならないということになる。

〈子ども〉と出会うとき～子ども臨床学

人はすべて、誕生し子ども時代を経て成長し、おとなになっていく。そして年を重ね老人となり他界する。このプロセスはすべての人に共通である。したがって全ての人は、かつて子どもであり、子ども時代の経験がある。

子どもはどんなことに喜び、また悲しむのか。さらには何を求めているのかを体験的に知っているはずである。

さらにおとなになり、子どもを出産すれば育児体験もまた存在する。子どもが生まれていなくても、近隣や親戚の子ども達と関わる経験はしているはずである。

つまり、子どもであったこと、また子どもと接することは体験として誰もが持っていることになる。したがって子どものことは誰もが知っていることになるはずである。

しかし、その体験は年と共に風化し、おとなになった時点で、おとなとしての視点でしか子どもを見れなくなってしまうという現実もある。したがって「子どもとは何か」あるいは「おとな（親）と子どもの関係とは何か」について、もう一度整理してみる必要がある。

私の長男が生まれたのは一九七〇年代なのだが、はじめて長男と出会った時、この子よりも私が先に他界するのだと感じたことをよく憶えている。つまり、わが子を抱いて、親とは何かということを直感したのだと感ずる。これは、全ての動植物に共通しているのだが、親は子を産み育て、その成長を見届けて大地に還って行く。これが生命の流れであり、世代継承の原則でもある。個別の生命は有限であり、一定の年限が経過すれば亡くなるのだが、そこから引き継がれた生命は、再び新しい生命を産み育てていく。この循環、継続が生命史そのものである。

したがって、親は子どもを育てるということが最大の仕事であり役割となる。

柳田国男は、人生の通過儀礼の中でイニシエーションの時期を「一人前の人間になること」と表現している。子どもが青年期を通して「一人前」となるとはどのようなことができるようになるのか。これが子育ての原点といえるものである。日本各地の「若者組」（若者宿）を研究した平山和彦は、「一人前」の内容を次の三点に集約している。

一、仕事が一人前にできるようになること

二、性的営みが一人前にできること（この中には育児の能力も含まれる）

三、人とのつき合いが一人前にできること（特に異性、異世代、異文化の他者とのつきあいができることが大切とされる）

この三点は、社会人のイメージであり、他者との交流を通して働くことができ、次の世代を産み育てることができるという形に集約できる。現代は、成人式も形式化しており、生き方、日常の暮らし方についての伝達が行なわれていない現状にある。

現代版の「若者宿」が必要とされるはずなのだが、伝えるべき生活様式が不明確になっていることもあり、若者のアイデンティティが確立されていない現状がある。

現代の「若者宿」は、学校にまかされており、高等学校、大学にはその役割も期待されているはずだが、学校側にはその自覚がない。

そこで、子どもと関わることの多い役割や職業につく人間にとって「子ども臨床」という視点が今後、ますます重要になってくると思われる。子どもと大人の関係の原則は存在するが、どのように関わるのかについての視点は必ずしも明確ではない。

子どもに関わる原則の中でもっとも重要なのは、〈子どもの声を聴く〉ということである。それは話された内容だけでなく、身ぶりを含めた表現全体を受け止め、それに〈応えていく〉ということである。そのプロセスの中でおとなが、生きものの原則に立ち還り〈変わる〉ことができるかどうか。それが〈子ども臨床学〉の原則であり、基本である。

地域で育つ子ども〜子ども風土論(1)

子どもは、生きている環境によって変わると前に書いたが、子ども生活環境の最大のものは自然環境である。人は自らの暮らす生活環境と共生し、はじめて生きることが可能になる。したがって、どのような自然環境で暮らしているのかということによって、人々の生活様式は異なってくるのである。

かつて和辻哲郎は「風土論」において、気候風土によって、人々の性格や気性も異なってくると書いた。気候が温暖な地域と寒さの厳しい地域によって、人の暮らし方、自然への考え方も異なってくる。山岳地帯と、平野地、また海に囲まれた島では、その生活も違ってくるのは当然である。したがって一般的な意味での「子ども論」はまとめられても、子どもの暮らす地域によって、子どもの育てられ方も、大人の接し方も異なってくるはずで、地域ごとの「子ども論」には至らない。

子どもに関する研究は、まず各地域ごとに、子どもに関わる生活習慣を観察し、記録するところから始めなければならないことは、以上のことからも明らかである。

私は長い間、横浜で生活していた。横浜も港町から住宅街、田園地帯とさまざまな風土があるが、約二〇年余りは、横浜市の中心街の子ども達の相談活動に従事していた。

児童相談所のケースワーカーとしての一〇年余りの私の仕事の中では、地域社会の中で孤立するが故に、閉鎖された家庭の中で苦しんでいる親子と接することが多かった。

その閉鎖空間の中で、今までは考えられなかった親による子どもへの様々な暴力も起こるようになり、子どもたちを支える基盤を失った子どものための「児童養護施設」での実態を知ることになった。

こうした実態から、子どもとは本来孤立して育てられるべきではなく、はじめから、集団の中で、他との関わりの中で育てられるべき存在であることが明確になってきた。

つまり、子どもとは地域社会の中で、どう考えられるかという視点がなければならないという発見があったということである。

あと一〇年間は、横浜のスラム街、寿町でのソーシャルワーカーとして私は仕事をすることになり、そこでは地域ぐるみの子育てが不可欠であったという体験をしている。

寿町の生活環境は「ドヤ」という簡易宿泊所での生活に規定されている。三畳一間に、子どもを含め数人の家族が暮らし、ドヤ代（家賃）は日々払わなければ路上に出されてしまうという不安定さの中にある。また労働形態は、日雇いという形で日勤の手当であり、その日に仕事がなければ収入がないという不安定さの中にある。

こうした不安定の中で子どもは生まれ育って行くのである。親の生活の不安定さは当然、子どもにもつながっており、夜更かしをして朝は起きられない子どもたちも多い。

学校も休むことが多くなり、長期の欠席も続いていくことになる。子どもたちは、他との関係を求めており、路上で仲間を求め、遊び場を求めて歩き廻ることになる。こうした現状の中で地域の食堂を借りて「子ども食堂」をつくり、保健所の力もかり、地域のおとな達と料理をつくり、子どもたちに無料の食事を提供する活動が始まった。

この動きは、子どもたちの野球チーム、卓球チームの結成へ、さらには「寿学童保育」の設立へ進み、子どもたちの集まる場所、学ぶ場所が地域の中につくられていくことになった。

この「地域子ども生活館」構想は、おとな達のまとまりもつくるようになり、日雇労働者の組合や、身体障害者友の会、老人クラブ、アルコール中毒者の会（A・A）などが次々と生まれ、「寿夜間学校」、俳句会、「寿夏祭り実行委員会」などがつくられていくことになった。子どもの中からは、新たなモデルを求め、学び始める子どもも出てきた。子どもは地域の力で育つものである。

ニライカナイ、オキナワの源流〜子ども風土論⑵

私が沖縄に移り住んだのは、二〇〇二年四月である。そのとき、アメリカで世界貿易センターが爆破され多くの死傷者が出る大事件があり、文明史的に見て、人間の生き方が激しく問われていると私は感じていたのであった。

それ以前に何度か沖縄に来ており、これまでの文明史、近代化の流れからは少し離れた周辺域であった沖縄には、人間史（人類史）の原型が残っているという感覚があった。

そこで、もう一度人間とは何か、どう生きるべきかを考えたいと思ったのである。

沖縄列島は南北に細長く、全体が多くの島によって成り立っている。したがって沖縄の特徴の一つは「島社会」であるということころにある。

島は周囲を海に囲まれ、人間はお互いに支え合い、助け合っていかなければ生きられない。相互扶助の生活は、島で生き抜いていくための必要条件ですらあるといえる。

島は、立地条件だけでなく「シマ」という発想ともつながっている。

「シマ」とは一定の区域に住む人によって自分たちでこの土地での生活を「自主管理」していこうという発想に支えられている。

「結（ゆい）」とも「ゆいまーる」とも呼ばれる仲間意識は、生きて行くためには、お互いが支え合っていく以外ないという考え方に裏打ちされている。

この中で子どもたちも小さいうちから組み込まれて育っていく。

糸満市の村々には、今も一二月末に行われている「キリタンチョウ」という行事がある。その年に生まれたすべての子が、親や兄弟姉妹に抱かれて舞台に上がり、村人全員に紹介されるのである。この日は村総出の祭りであり、食事も共にする。

こうして村中から祝福された子どもたちは、その節目ごとに、村中で祝われ、次のステージへと成長していくのである。

また沖縄には「ファーカンダ」という言葉もあり、これは「祖父母と孫」（老人と子ども）のことである。沖縄では、小さい子どもの面倒は老人たちが見ており、親は仕事中心にして働くことが当然とされていた。

小さな子どもたちは、沖縄文化そのものである「オジィ、オバァ」から様々な文化を吸いとるようにして育っていくのである。

老人たちも、次の世代へ文化を継承していく役割を自覚しており、カジマヤーや葬儀に至るまで子どもたちに伝える文化として、その任務を全うしているのである。

沖縄の子育て文化は、今後の「子ども学」研究にとって、汲み尽くせないほどの宝が埋まっており、今後の研究が期待される分野である。もう一つは、沖縄がアジアに最も近い文化圏であるということと、周囲を海に囲まれた島であるという点である。

つまり、海洋民族であるということである。

海で生きる人々は、海と共に育ち、そして働いているということである。素裸で海と接するということは、この巨大な海に身をまかせるということである。海を受け入れる、海と共に生きるという生き方、自然観は、争いをこのまない民族性をつくりあげたといえる。

共生、争わないという人間性は、他の文化圏からの攻撃には弱いけれど、その文化をも受け入れ、溶かし込んで文化を肥やしていく大きさもある。また海は、穏やかな時もあるが台風などの時には大きく荒れることもある。

その海に身をまかせつつ、生きて行くためには勇気とチャレンジ精神が必要である。自由であると同様に耐える力もあり、小さな海の孤島で沖縄の人々は生きてきた。漁民を一人前に育て、仲間と力を合わせていく次世代を育てるために、沖縄の子育て文化は、海洋民族、島の文化として「子育て学」を民衆の中からつくりあげてきたはずである。「沖縄の子ども文化」は、新たな可能性のある研究分野である。

〈こども〉という宇宙と出会うとき～子ども未来学

子どもが一人前のおとなになるまで成長するプロセスを追っていくと、個人としての成長の過程が、実は長い生命史（人類史）と重なっていくことに気づかされる。

学問的には「個体発生」は「系統発生」をくり返すという発想でこの内容は示されている。生命が生まれ成長していく個体史は、生命が誕生し、人間になり現代に至るプロセスと重なり合っていくというのである。

例えば、まず母体の中で生命が誕生すると、小さなアメーバーが生まれたのと同じ状況である。しかもその環境は、母の胎内（羊水）の中である。巨大な海に漂う小さな微生物、それが生命誕生史と、人間の受胎後の様子とよく似ているというのである。

海中で育った生命は胎児となる。勾玉のような形をした胎児の姿は、全ての生きものと同じ形をしている。目玉だけはクッキリとみえる。

エラが出来、尾まで出来るが、これが手となり足になっていく。魚も人間も同じように海中に生まれ育った生きものである。

やがて母体から外の世界へ出るという出産が始まる。胎児にとっては海中から陸上での口と鼻での呼吸へと切り替えねばならない。大革命である。海中生物が陸上で暮らすのと同じ大変化をとげるのである。

赤児がオギャーと泣くのは空気を吸うという大きな出来事であり、これで陸上での呼吸が可能となる。生まれたばかりの赤児は、陸上ではじめて生活をする海洋動物のようで、寝たままである。

手足をバタバタさせ泣くだけの生きもの。

それが、やがて手と足を使って必死に移動を始める。これが這い這いである。ワニのように水中から陸上に上ってきた動物の歩き方である。

手と足が強くなると、やがて、四つ足となり、移動を始める。トカゲや動物の子どものようである。

そして、ある時、机につかまったりして、足で立つようになる。二本足で立つ。これも大革命である。手と足が分化し、子どもはヨタヨタしながら歩き始める。猿と同じような二足歩行の開始である。四足歩行から二足歩行になると、手が自由になる。人間は手をつかって、掴んだり触れたりすることが出来るようになり、ものを作ったり、運んだりするようになる。

この頃になると子どもは、幼児となり、歩いたり、走ったりする。そして、水、土、火を使うようになる。土や水を使って土をこねること、土器をつくること。これは縄文期にあたる。

そして、火を使いこなせることも、大きな変化である。焼いたり、煮たりすることも可能になる。

そうした変化の頂点に立つのが、言葉を使えるようになることである。言葉でのコミュニケーションが出来、さらに文字をつくり、記録や伝達をするようになる。この頃に子どもたちは、現代では小学校に入学していく。この大きな変化は、自然性（生命性）をタップリともっていた子どもが、社会性（共同性）を身につけ、おとな社会へと順応していくプロセスでもある。

現代社会は、こうした人間の形成過程を忘れ、人間が地球の主人公になり、まるで神のように支配しているとさえ見えてくる。

このままの文明が進めば、生命よりも人間の欲求だけが肥大化し、人工物によって地球は埋めつくされ、人類と地球がぶつかってしまうような気がする。

このような時代に、「子ども学」を希求するのは、生命史の原点に戻り、私たち（人間）が、何を目指すべきなのかを真剣に問い直すことにつながってくる。

子どもは「生命史」の縮図であり、巨大な宇宙である。こうした「子どもという宇宙」と向きあうこと、子どもに寄り添い、その内なる声を聴くことは、私たちの未来をつくっていくためのもっとも大切な行動であり、生き方であると思う。

「子どもという宇宙」を受けとめられるかどうか。

それは、私たちの未来が可能かどうかの鍵を握ってもいるのである。今こそ、本気で「子ども学」に取り組むことが、私たちの大きな課題であることは間違いのないことだと信じている。

（本稿は、二〇一〇年一二月三日、沖縄女性研究者の会が開催した研究フォーラムの基調講演の内容を修正、加筆し、纏め直した）。

『出会い』の感動を子どもたちに

子どもだろうとおとなだろうと、生きているかぎり人間は「出会い」を求め、「出会う」ことで生きる意味を確認していくものである。子どもたちは、未知のものに出会うと瞳をキラキラさせて、触れようとする。花でも草でも昆虫や動物でも、それらと出会うことで子どもたちは生命力をかきたて、生きている実感を手にするものである。

それは、人間との出会いにも共通している。子どもたちは誰かと出会いたがっている。心をときめかせ、ワクワクするような出会いを求めている。近所の友だち、保育園や幼稚園の先生、小学校、中学校の先生や友人、先輩たち。そして、フッとした偶然から出会った魅力的な人々。こうした「出会い」の感動が、生きていることを支えているような気がする。大切な「出会い」を失って悲しんだり、悩んだり、逆に、思わぬ「出会い」の幸運に歓喜して喜んだりして人生は展開していく。いわば、生きているということは、こうした喜怒哀楽に満ちた「出会い」の可能性があるということなのだ。

いま、子どもたち、青少年たちが無気力で生き生きしていないように見えるのは、こうした「出会い」が失われているからだとぼくは思う。家庭も学校も地域社会も、子どもたち、青少年たちから「出会い」の感動を奪ってしまった。もし、子どもたちに生き生きした生命力を回復したいと思うのであれば、生活の中に開かれた「出会い」の場と機会を縦横に提供することが必要になる。

童話作家の「くどう・なおこ」さんの詩に「あいたくて」という作品がある。

だれかに　あいたくて　なにかに　あいたくて　生まれてきた…
そんな気がするのだけれど　それが　だれなのか　なになのか
あえるのはいつなのか…　おつかいのとちゅうで　迷ってしまった子どもみたい
とほうに　くれている　それでも　手のなかに　みえないことづけを
にぎりしめているような気がするから
それを手わたさなくちゃ　だから　あいたくて

子どもたちが暮らしている全ての場所で、自由な「出会い」が展開する可能性が満ちていたら、生きていることは希望と感動の世界に変わってくる。おとな自身も「ことづけ」を手渡すべき、若い仲間たちと出会いたいと本当は思っているはずだ。子どもたちもおとなたちも、こんなにも「出会い」たいのに出会えない。この悲劇が、さまざまな事件の背景にはある。新たな出会いと経験に満ちた生活空間の創造、それが現代における青少年問題のもっとも基本的な課題だとぼくは思っている。

（初出：『ＤＯＬＰＨＩＮ』二〇〇一年夏号、インターナショナルコロンブスアカデミー刊）

Ⅲ

時代の記録

時代に向かい合う精神——記録文学の祖型を掘る

生きること・記録すること

ぼく自身が本格的に、「記録すること」の重要性と向かい合うようになったのは、日本における「三大寄せ場」の一つである日雇い労働者の街「寿地区（横浜）」の生活相談センター「寿生活館」職員として赴任してからであった。東京の「山谷」、大阪の「釜ヶ崎」と並んで、横浜の「寿」は、日雇い労働者の生活する街として知られていた。常時、一万人前後の肉体労働者が生活するこうした「寄せ場」は、資本主義社会の「安全弁」として、経済が活況を呈し、必要なときには過重で過酷な労働が強いられ、不必要になれば何の保障もなく切り捨てられる「産業予備軍」としての役割を担わされていた。

ぼくは、構造不況が日本中を覆い始める一九七二年から一九八二年までの一〇年間、この街に住み、この街で生活する人々の相談に応じていたのである。

生活を始めてすぐに気付くことになるのだが、この街の居住環境は、通称「ドヤ」と呼ばれる

「簡易宿泊所」である。二畳～三畳一間の小さな部屋がズラッと並び、薄汚れた不衛生な布団が一組だけの殺風景な空間である。しかし、こうした空間でも、部屋代が払えなければ泊まることも出来ない。金銭がなければ、食事さえとることが出来ないし、路上での生活を余儀無くされる。一見、自由に見えるこの街には、いつも死への不安が隣り合せに存在しているのが現実であった。しかも、この街には多くの家族も住み、小さな「ドヤ」に身を擦り寄せるようにして暮らしていた。子どもや年寄り、障害者も暮らしていた。不衛生な街だけに病気も多い。さらに、社会保障がこの街には充分に届いておらず、人知れず路上で亡くなっていったり、幼い子どもが結核や栄養失調で倒れることも多かった。にもかかわらずというか、それだからというべきか、この街に暮らす人々は実に人情に厚く、助け合い、僅かの蓄えを分け合って暮らしているのである。ぼくは、戦後の経済発展の目覚ましい日本社会の中で、このような現実が存在していることに驚かされた。興味本位でこの街を覗く人はあっても、実は、こうした現実を底辺に組み込むことで現代の社会生活が成り立っていることに気付いている人は少ない。やがて、経済不況はより深刻になり、土木、建築、道路などの工事もなくなり、港湾労働も激減した。職安で紹介される仕事も減少し、全国の三〇〇万人といわれる日雇い労働者が飢えと無宿状況に追い込まれていった。

この時期、東北の農村も冷害に見舞われ、例年になく出稼ぎ労働者も多かった。酷寒の冬も路上で暮らさねばならない労働者が多くなり、その対策を行政から引き出すため、ぼくらも日雇い労働者、寿町の住民と共に粘りづよく交渉も行ったし、助け合いのための「越冬闘争」に取り組んだりもした。そうした状況の中で、多くの人にこの現実を知ってほしいと願った。

個人通信（月刊）を発行し、状況を知らせるレポートも書いた。その頃のぼくには、現実を克明に記録することが、この街で生きていることであるという実感があった。この街に生きる日雇い労働者の過酷な労働実態や、子どもたちの厳しい現実をぼくは必死で訴えた。

そんな時期に、ぼくは立花雄一氏の『評伝・横山源之助』『明治下層記録文学』（いずれも創樹社刊）の二冊の著作を手にすることになったのであった。それまで、明治時代はぼくにとって遠い過去でしかなかった。しかし、一気にその距離感が縮まっていった。

明治時代は、近代資本主義の日本における成立期に当たる。

それだけに、その本質が極めて赤裸々に露呈しており、資本主義社会の矛盾をぼくらに突きつけてくる。そのあまりの類似性にぼくは正直、息をのむ思いであった。

底辺ルポルタージュの担い手たち

文学は、長い間、上流階級のものであったとぼくは考えていた。なぜなら、文字を自由に使いこなすための学習の機会や、そのための時間を生み出すことが出来ない人々にとって、何よりも生きていくために働くことが優先され、文学とは縁がなかったのではなかろうかと考えていたからである。しかし、文学には人間の悲しみや怒り、喜びや感動を伝える優れた機能があり、言語を介して交流をしていかざるをえない人間にとって、文学による「伝達」や「記録」という豊かな可能性にひかれていくことも疑えない事実であった。

したがって、近代社会になると多くの青年たちにとって、文学を学びたいという夢が拡大してきたとしても、それはむしろ自然なことであったと思える。

しかし、産業革命と資本主義成立期の明治時代に、新たな「貧困」と「差別」が構造的に生まれてきているという社会的な変化を、近代文学の担い手たちはほとんど気付かずに過ごしていた。そうした中で、社会的な矛盾を感じ、貧困や挫折に苦しみ「文学」に憧れた青年たちの間から、新たな文学への可能性が切り開かれつつあった。

それが、桜田文吾、松原岩五郎、横山源之助ら、青年文学者による日本各地の底辺ルポルタージュの作品群である。しかし、こうした発想はこれまでの文学史にはなかった。むしろ、こうした作家群が近代文学の歴史から、スッポリと抜け落ちていたのである。

この近代文学上の欠落部分を指摘し、底辺のルポルタージュを書き続けた作家たちの再評価を主張し続けてきたのが、本書の著者、立花雄一氏である。本書が、創樹社から出版されたのが一九八一年。しかし、あとがきで立花氏が書かれているように、それより約二〇年前に原稿は出来ていたわけで、こうした認識のもとに原稿が書かれたのは一九六〇年頃、つまり、立花氏が三〇歳前後の時期になる。世界史的にも大きな価値転換と、資本主義社会の矛盾に対する批判の高まりの中で、文学は何をなすべきなのかが問われていた時期である。

本書の中で、松原岩五郎、横山源之助らが二葉亭四迷の影響を強く受けつつ、はじめて「貧民」の発見をしたと指摘しているところが特に新鮮であった。

「明治知識人は没落した士族たちである。もしくは新旧ブルジョアジーである。そして、体制外に、権力批判の側にたった者だけがはじめての貧民発見者となり、貧民ルポルタージュの創始者となりえたのである。」

しかも、発見された「貧民」は、単なる貧しき人々ではなく、近代社会の主人公になっていく新たな「原像」であると指摘している。その文章は感動的ですらある。「明治底辺ルポルタージュではじめて陽の目をあてられたひとびとは、その祖型であり、原像であったろう。それは近代の原人にもひとしい。」

さらに、未分化ではあるが文学の多様な可能性すら感じさせると分析している。「近代発生期のさまざまな諸分野――政治、科学、文学等が過渡的形態のなかで、未分化のまま重なり合い、せめぎあっている。文学であると同時に、政治であり、科学であろうとした、明治底辺ルポルタージュの、原初的、そして貪欲な性格がそこにからむ。」

例えば、桜田文吾が、それこそ身体を張って取材したのは、明治期の東京三大スラムといわれた下谷万年町、芝新網町、四谷鮫ヶ橋を中心に、浅草や本所など十数か所におよび、大阪名護町のスラム街まで及んでいる。彼は、コレラの流行しているスラムに入り、身の危険にもかかわらず、木賃宿に泊まっている。また、飴屋に弟子入りしたり、大工になったりして、こうした暮らしの内側から臨場感溢れるルポルタージュを書いている。

その桜田文吾は、一八六三年、仙台に生まれているが、幼くして父を失い、二人の兄も戦争後に病死し、姉は誘拐され、母はその悲しみのため亡くなるという貧困の中で成長している。こうした体験が、底辺ルポルタージュへの情熱を支えていたのだという気がする。

記録文学の可能性——横山源之助

こうした底辺ルポルタージュを最初に生み出したのは、政教社と民友社であったが、日清戦争の開戦を前にして、開戦賛成の側にまわり体制内化してしまう。この時期に、記録文学は大きな転機を迎えることになる。既成の文学へと回帰していく流れと、新たに登場した工場労働者、工女、職人、小作人などのルポルタージュへと転換していく流れである。

そうした意味では、新たな労働運動との接点を求め、『日本の下層社会』を生み出した横山源之助が、突出した動きをしていくことになる。

立花雄一氏は、『日本の下層社会』の祖型として、エンゲルスの『イギリスにおける労働者階級の状態』をあげている。産業革命の遂行を経て、資本主義上昇期の社会的矛盾を、もっとも具体的なかたちで描いた人間崩壊の記録史でもあるエンゲルスの著作と、横山源之助の姿勢とは共通するものをもっており、その日本版ともいえる。

したがって、立花氏から見ると横山源之助の『日本の下層社会』を分水嶺として、明治期の底辺ルポルタージュは、前期と後期に分かれることになる。『日本の下層社会』には、経世観、科学性、文学性の三つの側面が重層しているのだが、後期になると文学性のみが自己目的化していくというのである。

立花氏は、ルポルタージュについてこう指摘している。

「ルポルタージュの生命は批判精神そのものにある。批判とは取材する対象とのせめぎあい、緊張した関係のなかにこそ存在するものだろう。発祥のときから、ルポルタージュが底辺社会を対象においたのは、なぜであったか。……いわば底辺社会こそが社会矛盾の堆積であったからにほかならない。」

その意味で、本書の第三章「横山源之助」には立花氏の思い入れが深いように思われる。左官職人の倅として生まれた源之助の故郷、富山県魚津町は零細漁民の集落だが、一九一八年の米騒動の発祥の地でもある。つまり、生まれたときから社会矛盾を背負っており、肉体の中に下積み階級の魂が埋め込まれていたということなのかもしれない。

「かれの一生は下積みのひとびとのためにつくされ、そして燃えつくされた。工女や、職工、職人、小作人、漁民、下女、人力車夫、大道芸人、その他雑半ルンペン層――下層全体のひとびとこそ、かれの砦であり、軍団であった。……つねに、かれらこそが主人公であった。かれらのなかにたって、横山はおそらくは日本ではじめて、庶民社会学を築きあげている。」

そして、横山源之助こそ近代最初の庶民思想家であったのではないかと記している。

さらに付け加えれば、横山源之助も参加して編纂された『職工事情』の評価も重要である。『職工事情』付録集に収録された、数多くの工女の体験談、工女虐待や誘拐に関する総合調査記録は、けっして見過ごすことの出来ない貴重な歴史的証言である。その後、源之助は労働運動に加わり挫折し、植民政策の実態調査のためブラジルに渡ったりもする。そして、一九〇三年、「中央公論」に未完となった『貧民状態の研究』を連載するが、完成を見ることなく亡くなっている。庶民の内側に向かってより下降し、民俗学的な視点をも内包した膨大な構想は、未完のままである。また、作家、樋口一葉との出会いに関する立花氏の見解は、庶民の文学、庶民の社会事業（社会運動）への夢とロマンを掻き立てる秀逸の推論である。

底辺記録文学――時代と向かい合う精神

今回、「大正・昭和前期・現代の作品管見」が新たに加筆され、明治時代以後の「記録文学」の流れと作品群が展望できるようになり、その裾野の広さに、あらためて記録文学の意義について考えさせられた。戦後、記録文学について比較的まとまった形で編纂された書物は『記録文学への招待』（杉浦明平・村上一郎編著、南北社、一九六三年）ではなかったかと思うのだが、この中で、杉浦明平は、当事者自身が語る記録文学と、事実を明らかにする記録文学とを紹介している。

前者の例では、福田英子の『妾の半生涯』、大杉栄や川上肇の『自叙伝』、また、豊田正子『綴方教室』、無着成恭『山びこ学校』、山田うた子『生きる』などを上げ、もう一つの系列として、西田長寿編『都市下層社会』、松原岩五郎『最暗黒之東京』、横山源之助『日本の下層社会』『内地雑居後之日本』、農商務省『職工事情』、細井和喜蔵『女工哀史』、上野英信『追われゆく坑夫たち』、大牟羅良『ものいわぬ農民』、宮本常一『忘れられた日本人』などを例示している。

ぼく自身は、諸学問とも総合化された「記録文学（記録社会学）」のような分野が、今後構想されることを期待しているのだが、草間八十雄の『どん底の人々』、磯村英一他編『釜ヶ崎、スラムの生態』（ミネルヴァ書房、一九六一年）、秋山健二郎他編『現代日本の底辺（全四巻）』（三一書房、一九六〇年）、江口英一『現代の低所得層（全四巻）』（未来社、一九七九年）などを経て、ホームレスの実態調査なども含め、かなり深められてきているという認識はもっている。現代は、資本主義社会の再検討が迫られる中で、再び環境問題、労働問題（失業問題）を含め、生きることの意味が真剣に問われる時代になっている。「リストラ」や「引きこもり」「児童虐待」や「老後の不安」など、現象的には明治時代とは異なってはいるが、本質的には共通の課題が、一人ひとりにのしかかってきている実感がある。こうした社会現象の中で、明治期の文学青年たちが全生命を賭けて取り組んだ「記録文学」の精神と方法を、再度検討し、現代に再生させる必要がある。立花雄一氏は、一貫してその主張を続け、克明な資料作りをつづけてこられた。立花氏の編集により、『横山源之助全集（全九巻、別巻二巻）』（社会思想社、二〇〇〇年〜）も刊行されている。

あらためて、横山源之助の仕事を検証し、現代記録文学（社会学）を再構築することが求められていると思う。最後になったが、立花雄一氏の出身地も、横山源之助と同じ、富山県魚津市である。熱き地下水が、立花氏にも脈々と流れていることを密かに感じながら、ぼくもまた、この道を進む一人の庶民でありたいと願っている。

（初出：『明治下層記録文学』筑摩書房、二〇〇二年刊に所収）

記憶を掘りおこす旅──個人史を越えた基層文化へ

記録することの意味

人びと自身の記録を受けとめる

横浜の寿地区でぼくは、月刊の個人通信『生活者』を発行し、この街で起こっていることを知らせるレポートを書いた。そのときのぼくには、現実を克明に記録することが、この街で生きていることなのだという実感があったのだ。この街に生きる日雇い労働者の過酷な労働実態や子どもたちの置かれている厳しい現実を、ぼくは必死で訴えた。

しかし、社会に向かって必死に語っていくこと、書いていくことが、いつの間にか寄せ場での矛盾や厳しい現実をぼくが代弁してしまっているのではないか、という疑問がぼくのなかに芽生え始めてもいた。結果としては、記録するという行為をぼくが占有していること、しかも、それを寄せ場の労働者に返していくのではなく、寄せ場以外の市民社会の人びとに向かって知らせたり訴えたりしているという問題を感ずるようになったのである。

本来、記録とは、記録したい、表現したいと思っているすべての人びとに開かれたものであり、その保障がされなければならない。そう考えると、寄せ場の労働者の多くが表現手段としての「文字」を奪われ、自由に使うことができないという現実にぶつかることになった。また、その一方で、文字をとおしての記録はなくとも、語り言葉、つまり自由奔放な語り合いは、銭湯でも酒場でも実に生き生きと行われているという現実もあった。

厳しい不況下での寿の現実と、そのなかで日々を必死に生きている人びとと向かい合いながら、ぼく個人の記録への欲求から、寿で暮らす人びと自身の記録を受けとめる方向へと少しずつ変化していったように思う。

一つは、寄せ場の労働者の語りをそのまま文章化していくということである。その方向には、柳田国男の求めていた民俗学の発想があった。たとえば『口承文芸史考』のように、寄せ場で語り継がれてきた伝承や記録を集め、それを記録し、さらにそれを寄せ場の労働者自身に投げ返していくという作業がぼくには浮かんできた。これは、私的な記録を原点としつつ、民衆の集合無意識の世界を具体的な形で形象化することになるのではないかとも思えた。

そう考えると、こうした作業は寄せ場における「民話」の創造という形へと発展していくのかもしれない。個人の記憶が、その人だけのものではなく、一つの時代、一つの社会を象徴するものとして、あるいはその雰囲気を掬い上げるものになっていく可能性もある。

そのころ、ぼくはいくつかのサークルを寿の人びととつくっていたのだが、そのなかに「寿夜間学校」があった。文学の好きな人びとが集まり、読書会をしたり、詩や短歌、俳句やエッセイ、小説などを発表し合うものだ。このなかから、詩や短歌、俳句にキラリと光る作品が続々と生まれてきた。以下に列挙してみると、次のような短歌がある。

地下足袋の無残に破れ捨てられし
　わが身のごとく振り返り見る

戦いは戦争だけにあらぬこと
　体験しつつスラムに生きる

人二人死せる火事なり寿の
　記事も載せざり三大新聞

おれはみみず地べたを這って一生終わる
　空かけまわる鳥に見とれて

この町で死することもあるだろう
　今日も我慢の道を行く

夜半にめざめ　かたえにありし妻さぐる
　わが右腕に悲しくなりぬ

寿で朽ち果てる身とは思えども
　も一度会いたや年老いし母

こうした作品群を大きな模造紙に書き、寄せ場に張り出すと、日雇い労働者の群れがその前にたたずみ、じっと読みふけっている姿によく出会った。なかには、熱心に手帳に書きつけている人もいる。

そこで、集まった作品を冊子にして発行することにした。タイトルは『漂海民の唄』。居場所も固定せず、転々と流浪している人びとの思いを形象化するものとして、この冊子は長く続いた。また、俳句会「白百合」というサークルも生まれた。短い言葉のなかに、その時々の思いを埋め込み、現実の社会や時代を一瞬のキラメキのなかに写し取る鋭い感性を、寄せ場の労働者はもっていたのである。

この延長上に、「寿識字学校」が生まれた。文字の読み書きができないという労働者が集まり、文字を学び、自分の気持ちや日々の思い、さらにこれまでの生活史を書き始めるという作業が、ここから始まっていく。このなかで、生活のリアルな現実が具体的に描かれ始め、かつて東北の貧しい農村地帯で始まった「生活綴り方」（生活のなかで考えたことや感じたことをありのままに表現した作文）と同じ流れが、都会の日雇い労働者の街で始まっていった。

この集まりで書かれた作品は、参加者に紹介され、話し合いが始まっていく。一人の書いた記録が全体で共有化され、そこからさらに深められる。作品は個人のものでありながら、その場全体のものへ、寿という寄せ場そのものの現実の表現へと膨らんでいくのを、そのなかにいてぼくは感じていた。

人間の原型を掘り起こす

寿夜間学校では、一人ひとりの自分史が語られていく「私の自叙伝」という講座が好評だった。縁あって寿で暮らす人びとが、ありのままの自分史、生活史を語っていく。戦争体験あり、炭鉱での暮らしあり、在日朝鮮人の歴史もあり、障害者として生きてきた人の人生もある。一人ひとりの話を聞くたびに、寿という寄せ場の層の厚みのようなものが感じ取れ、お互いの関係が深まっていった。

当時の寿夜間学校は、次のような設立趣旨のもとに始められている。

「寿町には、これまで何百万という人々が生活し、そしてこの町を通過していきました。ある人は他の町へ、あるいは山谷や釜ヶ崎へ。そして多くの人々はその途上で、あるいは寿の町で亡くなってゆきました。

更に、この町にはさまざまな活動もありました。けれども、そうした歴史は伝えられていません。この町に生きた一人一人の血と汗と涙、喜び悲しみの歴史は伝えられていません。寿夜間学校では、こうした歴史をお互いに伝え合い、語り合いながら、自分達の町の姿を見つけ出し、創り出してゆきたいと思います」（一九七七年九月一六日）

市民社会からは否定的に見られているこの街には、すでに市民社会が忘れてきたもの、失ってきたものが脈々と息づいているような気がする。日本からだけではなく、アジア各地からの出稼ぎ労働者も多くなっている寿。ここに吹き寄せられてくる労働者の一人ひとりは、明確に現代史を背負い、悲喜こもごものドラマを秘めて、黙したままこの町で消えていく。その寄せ場の封印を解き、生き生きとした人間の息づかい、人間の原型を掘り起こすことの必要性を、ぼくは痛いほどに感じながら、記録することの意味を考えていたのである。

出会うこと、聞くこと

それぞれのライフストーリー

寿の街で、ぼくは多くの日雇い労働者から話を聴いた。そのなかの一人はこう語った。

「オレたちの仕事は妙なもんだぜ。こうやって毎日毎日働いてよ、なかには工事現場で命まで落とすやつもいるくれえ、きつい仕事してビルを造るだろ。それでいて、できあがったビルには一足だって入れねえんだ。入ったこともねえな。だからオレ、つくづく思うな。人様のためにビルを造り、線路を敷き、道を造ってよ、オレたちは使うこともねえ。もちろん、オレたちが造ったなんてことも誰も知らねえさ」

そして、その最後にこう言うのだ。

「だからオレ思うけど、ビルはオレたち日雇い労働者の勲章じゃなくて〈涙〉さ。ビルはオレたちの〈涙〉なんだよ」

この言葉はグサリときた。

また、一人の年老いた日雇い労働者は、飲酒して肌寒い冬の路上で寝ているところを発見され、救急車で病院に運ばれた。その中で、付き添っていたぼくの掌を握りながら、大粒の涙を流してこう言った。

「兄さん、オレのこと忘れないでくれ。オレがこの世に生きていたこと、この街に住んで一生懸命生きてきたことを忘れないでくれよ」

この人は文学研究会の仲間で、たくさんの短歌を書いてくれたが、ノートの端に次のような走り書きを残していた。

「言いたいことは山ほどある。でも、言ってしまったら本当にこの世は終わりだ。しかし、声を大にして叫びたい！」

いったい何を叫びたかったのであろうか。

別の紙には、大きな文字で、紙からはみ出すばかりの勢いで、次の文章があった。

「開かなかった、パラシュート」

無念の人生だったと思う。

こうした出会いのなかで、ぼくは寿町でめぐり会った日雇い労働者のことを書き残しておきたいと痛切に思った。小さなドヤの一室で切々と語ってくれた戦争中の話。苦しい出稼ぎ労働の体験。そして、悲しい親子の別れ。妻や子の死。

いつも聴きながら、ぼくは涙が止まらなかった。そして、一〇人ほどのライフヒストリーを記録した『風の自叙伝——横浜・寿町の日雇い労働者たち』（新宿書房、一九八二年）という本をまとめた。この本の帯に、当時、寿で牧師をしていた益巌《ますいわお》さんは、次のように書いてくれた。

「この〈寿夜間学校〉が出来て以来、寿の中には新しい風が吹き込まれたように思う。それまで、自分の歩みをあまり語ることのなかった街の人が、自分たちの歩みを、自分達にしか出来なかった歩みとしてとらえ、他者の前でも、その歩みについて率直に語り始めるということが起こったのである。人は、それぞれの人生を歩んでいる。野本さんはその当たり前のことを街の人に伝えたのである」

ぼくは、この益さんの文章がとてもうれしかった。そして、こうした仕事がぼくの役割ではないかと思い始めたのである。

根源としての「いのち」

その後、ぼくは社会臨床学会の創立にかかわるようになり、「臨床」という行為に心引かれていく。その背景には、『臨床の知とは何か』（中村雄二郎著、岩波新書、一九九二年）という本との出会いがある。

この本で中村さんは、現代社会は「普遍主義」「論理主義」「客観主義」を徹底させることで発展してきたと書いている。どこにでも通用する一般論、普遍的な価値が大事にされ、この場所でしか通用しないもの、この人しかわからないものは斬り捨て、論理的に説明ができ、一貫性があるもの、客観性のあるものが大事にされ、それこそが価値のあるものとされてきたのが近代社会であるというのだ。

そのうえで中村さんは、こうした近代の価値観、ものの見方には問題があったのではないかと疑問を出されている。むしろ、そこから抜け落ちたもの、はずされたもののなかにこそ大事なものがあるという指摘である。つまり「普遍主義」に対しては「固有性」を対峙させていく。それぞれの地域や風土によって、ものの考え方や風習、伝統や文化は違っていてよい。違っていることのほうが自然ではないか。世界中が一つの価値観、一つの見方、一つの言語で統一されていくことのほうがむしろ不自然だというのである。

また、「論理主義」に対しては「多面性」という発想を置いている。物事には一つの面だけではなく、多様な要素がある。その多様性、多面性を消してはならないという主張である。ある人物の評価をするにしても、明るくて活発、シッカリ者という面で評価したとしても、その人には、暗く内向的になることだって、不安定で落ち着きがなくなることだってある。だから、ある論理だけ、ある側面からだけで解釈するのではなく、全体的に、ホリスティックに把握することが必要だと中村さんは言う。

そして、「客観的」であることが科学的であるとする考え方に対して、すべての存在は「関係性」のなかで自らの役割をつくり出し、さまざまな環境のなかで変化していくと考え、むしろ関係のあり方に注目することの大切さを訴えるのである。

この中村さんの主張は、寿町の一人ひとりの日雇い労働者に寄り添うようにして暮らし、その話を聞き、記録してきたぼくにとって、とても大きな刺激であった。高速道路を造り、原子力をエネルギー源として、遺伝子操作まで始めていく現代科学の行き詰まりは、結局のところ「いのち」という存在を人工的な人間の論理のなかに押し込め、自由に操作できると考えることにあるのではないかと気付くようになった。

「いきもの」「いのちあるもの」をどうとらえるのか。それがすべての根源にあるような気がしてきたのである。生き物は、周囲の環境に適応してさまざまに変化し、状況にあわせて柔軟な対応をしていく。したがって、場所が違えば、まったく違った面を見せることもありうる。その固有な存在を見ていけば、なぜそうなったのかという関係の全体が見えてくる。

個人史から見える時代や社会の課題

人間で言えば、固有性をもったひとりの生き方のなかに、その時代や社会が凝縮されているということになる。別の言葉で言えば、関係の総合化されたものが個人であるとも言える。つまり、個人は、その人の関係の総和でもある。そう考えると、個人史のなかから時代や社会を読み取ることも可能になってくる。

ぼく自身は、寿生活館という場での生活相談員から、児童相談所、大学の社会福祉論の教員へと職場を変わっていったのだが、やるべきことはより鮮明になってきたように思えている。その一つの到達点が「ライフヒストリー」という発想である。

一般に個人史とは、自分史や伝記、日記などの形でまとめられた生活史の記録とされており、口述された個人の生活をライフヒストリーと呼んでいる。しかし、ぼくは「話し手」によって語られ、「聞き手」によって受けとめられるという両者の関係性のなかから生み出されてくる個人の生活史を、ライフヒストリーと呼びたい。つまり、両者による合作という側面が大きくなる。自分史や日記などの場合は、自分の内なる他者を意識しつつも、中心はあくまでも自分自身であり、自分に納得した形でまとめていくことになる。けれども、ライフヒストリーでは、話し手が聴き手との関係のなかで、自分の歴史を語らねばならない。

とすれば、聴き手は誰を話相手として選ぶかということが重要な課題になる。「なぜ、その人に聴くのか」が問われる。おそらくそこには、「その人に聴きたい」という問題意識があるはずである。また、当然のことではあるが、話し手として選ばれた側にも、聴き手を選ぶ自由はあるはずで、「この人には話したくない」という気持ちも起こる可能性がある。したがって、ライフヒストリーには相互に「話したい」「聴きたい」という思いが前提として存在している。

こうして両者の対話は、相互の自己発見の場ともなり、相互の自己変革の可能性すら含んでいくことになる。そして、聴き手はこの作業を一つの「ライフヒストリー」作品としてまとめ、読み手としての読者に手渡す。こうして、個人史は一つの生命力をもって他の人びとへ、次の世代へと継承されていく。つまり、ライフヒストリーという方法は、個人史という個別な存在をとおして、その時代や社会へとつながるさまざまな問題や課題を明らかにする。

　ライフヒストリーはまた、人がどのように生き、どのような人びとや仕組みによって支えられて生き抜くことができたかの具体的なドラマでもある。その意味では、社会福祉の学問の重要な方法論として、このライフヒストリーの作成プロセスは生かされるのではないかという気がしてきた。こうして、「語りたい」という内的な衝動をもつ人と出会い、その思いと向き合い、受けとめ、まとめていくという相互作用こそ、ぼくにとって生きている証ではないかとすら、思えるようになっていったのである。

人類の「無意識」（沖縄）との出会い

現代人にも生きる無意識層

　二〇〇二年四月、ぼくら夫婦は沖縄に住むようになった。たまたま憧れていた沖縄大学の教員に採用されるという幸運もあって、ぼくは、長い間の夢であった、沖縄の島（シマ）を歩き始めている。周囲を海で囲まれ、孤立しているように見える孤島（離島）には、なぜか深い文化の蓄積があるように、ぼくには思われてならなかった。島を囲む海は、実は孤立ではなく、開放的な文化の交流を感じさせるのである。それはたとえば、船をとおしてさまざまな文化がたどりつき、そこで積み重なり、融合して、人類史の層を成しているような予感である。こうした予感は、吉本隆明さんの次のような指摘とも重なり合う。

「人類の普遍的な母胎のところに到達できるかというのが南島論の一つの課題である」

「例えば基層をあくまでも掘って日本国の成立以前的なところまでいって、それをイメージ化する。そして、そのイメージ化したものが、世界のあらゆる地域の基層のイメージと重なり合う」

つまり、吉本さんは、南島（沖縄）の生活文化のなかに人類史の基層にたどりつける鍵が隠されていると指摘しているのである。

ぼくはこれまで、多くの方々の話を聴かせてもらい、その記録も書いてきた。その過程で、個人は個人を越えた関係の総和であるということは納得できたのだが、それは、どこまでもその人がいま結んでいる関係、つまり古く見ても生まれてから以後の生活史のなかでかかわった人びとの関係史のことであった。

そのなかには、さまざまな出来事、事件、災害なども含まれている。また、文化や伝統行事、風習も入っている。深い人類史の集積された思いや自然とのかかわりのようなものも含まれているような気がしてきたのであった。それは、巨大な人類史の無意識といったようなもの、あるいはユングが「集合無意識」と名づけた人類の下意識のようなものである。それが現代人にも生きており、現実と向き合うとき、こうした深い無意識層もうごめいている感じがするのであった。

たとえば、ぼくらのやっている研究会で、見田宗介さんが報告してくれた「現代人の五層構造――新たな共同性の回復」のなかで、現代人の意識構造には次の五つの要素があると指摘している部分が参考になる。

一番深い部分、つまり基層にあたる第一層には、「生命体（いのち）」の層が広く大きく横たわっているという。つまり、生命体としての人間、生物学的な存在として人間の層がここにはある。人間といっても、その本質は生命体（生きもの）であり、生命体の本質を抜きに生きることはできないというわけである。

第二層は、ユックリと人間の社会が生まれてきたという段階。単なる生命体から「人間」としての自覚をもった人類が生まれ出たという時期である。他の生き物とは違った人間が誕生し、その歴史が始まった初期といえようか。手を使い、二本足で歩き、つかみ、泣き叫ぶ時代である。また、子どもを生み、老いていくという人間のライフスタイルができた段階である。

第三層は、集団で暮らすことができるようになり、血縁としての「家」や「村」ができ、ムラ的共同体を形成した時期である。ムラ社会でのルールや文化も生まれ、ムラごとの特徴も生まれてきたといえる。

これが進むと第四層になる。ここでは、近代人が登場し、都市が出現する。自由を求め、人間はムラ的共同体を離れて個人を確立していく。近代的社会の時代といえばよいだろうか。

そして、見田さんは第五層に現代社会を考えている。近代都市社会のなかで自由を求めた人間は、一人ひとり個人として自立していると思っているが、いったい何を共有しているのか、共有する価値観があるのかわからなくなっている。つまり、自由が認められる社会のなかで立ち往生している状況だというのである。

この五つの層がすべての人間のなかに存在し、そのなかで関係を結んで暮らしている。現代のように、どう生きてよいのかが明確にできない時代には、第一層、第二層、あるいは第三層がもう一度、現代とつながりあって浮上してこなければいけないのではないか。そこから、新たな共同性が見えてくるというのが見田さんの主張だとぼくは理解している。また、こうした見田さんの指摘は、ぼくの思いとも重なっている。

地の底から吹き上がる無意識層

人間の記憶のことで言えば、一般的にはもの心のついた子ども時代からを考える。うれしかったこと、つらかったこと、悲しかったことなど、思い出せば具体的な出来事とともによみがえってくる記憶がある。ぼく自身でも、すぐに浮かんでくるのは、三歳のときに受けた東京大空襲の記憶である。雨のように降り注いでくる焼夷弾と、燃え上がる家並み。そのなかを母に手を引かれて必死に逃げ回っていた恐怖と、真っ赤な炎の色は、いまも消えない。

しかし、沖縄の離島を歩き、各地で話をうかがっていると、そうした具体的な記憶とつながるようにしてズルズルとあふれ出てくる記憶の層があるように思えてきた。たとえば、いま民間のパイロット訓練場のある宮古群島の下地島《しもじ》が、自衛隊の基地、または日米共同の基地として利用されるかもしれないと心配されているが、この島を訪ねたとき、伊良部島と下地島の中間あたりに巨大な岩を見つけた。

地元の人は、この巨岩を「帯岩《おびいわ》」と呼んでいる。つまり「結びの岩」というのである。この巨岩の裏側に行くと岩と土との間にすき間があり、その空間のなかには小さな祭壇があり、島の人びとはここに座って祈るという。シーンと静まり返った時間のなかでここに座ると、岸壁を突き抜けて目もくらむような天上と、逆に地の底深くの地底とがユックリとつながり、天と地の中間に浮いているような感じになる。

下地島の神司《かみんちゅ》のオバアは、この巨岩は明和の大地震のときの大津波で海底から打ち上げられた岩だと教えてくれた。途方もない力で巨岩が波に押されてこの地まで運ばれてきたことになる。したがって、島の人びとは、ここに座ると自然の怒り、自然の偉大な力をごく当たり前に感じ取ることになる。明和時代とは一七六〇〜七〇年代であり、二三〇年あまりも昔である。このときには三〇〇名近い商民が亡くなっている。そのときの記憶が、この帯岩には込められているのである。

いまふたたび、地球の各地で大地震、大津波が起こっている。そうした目で見ると、この帯岩は現代と過去をつなぎ、結びつけながら何事かを語っているようにも見える。

同じ伊良部島の「大龍門《だいりゅうもん》」と呼ばれる岸壁には、かつて巨大な「潮吹き岩」があったといわれる。荒々しい海の岩の一角がくりぬかれ、波がその中をくぐって地上高くに吹き上げる場所があり、五〇メートルから八〇メートルも高くに吹き上がっていたという。ところが、この潮吹き岩は厚いコンクリートで塞がれてしまっている。先日、この塞がれたコンクリートの上に立ってみたのだが、地底深くではゴーゴーという海の唸りが聞こえてくる。いまにも、コンクリートが打ち砕かれるような勢いである。

同じような場所は沖永良部島にもある。そこでは三つあったうちの二つが打ち壊され、一番小さな一カ所だけが残っていたが、実に荒々しい自然の息吹が感じられた。

こうした光景を見ていると、人類史のなかで忘れられていた無意識が、地の底、記憶の底から吹き上がってくるというイメージが浮かんでくる。また、見田さんの五層構造から言えば、第一層の生命体のあたりから強いマグマが地上に吹き出ようとしているようにも見える。

伊良部島と下地島では、防衛庁と一部の町会議員、商店会による自衛隊駐屯地受け入れに反対して、島民あげての抗議集会が取り組まれている。

沖縄の歴史は、自然とともにあった豊かな暮らしから、島津藩、アメリカ政府、そしてヤマト（日本）による支配という長い抑圧の歴史を経て現在に至っている。重い人頭税の苦しみ、第二次世界大戦における地上戦の記憶。それらが重なり合い、現在もなお米軍の基地は島の大部分を占めており、厳しい経済状況は続いている。沖縄で暮らし始めて四年余。ぼくはまだ、沖縄の重い現実とは触れ切れていない。

いのちを呼び覚ます

かつて二〇代の後半、ぼくは小学校教師をやめ、四年あまり日本列島を漂流して歩いた。その旅の後半の一年ほど、パスポートを手にしながら沖縄を歩き、沖縄の各地を廻りながら祈り続けていた、巫女の集団と出会う。沖縄列島に三〇〇〇あまりもあった地底の御嶽《うたき》、ガマの霊気を表に出し、押し込められていた自然のエネルギーを開放して歩く、この集団の原初的な行動力に魅せられながら、宮古島も伊良部島、下地島も、そのころに歩いた。

あれから三十数年が経った。ぼくは、ようやく離島を三〇あまり歩いたところである。あと二年ほどで、沖縄の離島すべてを歩いてみたいと思っている。そして、三十数年前にお会いした、巫女の方々のライフヒストリーをジックリと聴かせてもらっている。沖縄の現実と、自然との交流を続けているオバアの生活史をうかがいながら、その接点を見つけ出したい。

現在、小さな月刊誌『公評』（公評社）に「海と島のある風景――南島民俗紀行」を連載させてもらっている。そのなかで、会った神（自然）との交流を続けている女性の個人史を聴きながら、個人の生活史とそれを越えたところでつながっている生活史とをつかみたい、感じ取りたい。その意味では、沖縄という南の島の深部に息づく人類の無意識と出会う旅は、まだ始まったばかりだという気がする。

沖縄で出会った巫女の方々は、長い人類史のなかで、人間が忘れ去り、捨ててきてしまった大切な「いのち」の叫びが、沖縄の地底深くに眠っているという。その無数の「いのち」を呼び覚ますのが私たちの役割だというのだ。それを「現代の岩戸開き」だと彼女たちは言う。あまりにも人間が自分勝手に自然を利用し、地球を汚しているので、この地底の神々は怒っており、表に出で、「世の建て直し」をしようとしているのだとも言う。

一人ひとりの記憶を拾い集め、一つの集合無意識を形象化しようとするとき、ぼくにはこの巫女の方々のライフヒストリーをまとめていくことが、その大きな出発点になるような気がしている。

この集団の中心になっていた女性は、本土に出て働き、広島に投下された原爆による被爆をしている。それ以後、沖縄に戻って子育てをしながら、自然の神の声を受けて、全島を歩き、離島を含めて四〇年あまりの「岩戸開き」を続けてきたのである。彼女は、こうして人間によって押し込められた地底の神々を「竜神」と呼び、「母神」と考えている。「いのち」を生み出す母の化身が「龍」だというのである。

ぼくはいま、彼女たちのライフヒストリーのタイトルを密かに『龍神の棲む島』としようと考えている。これまで語られなかったリアリティがこの沖縄の深部と触れ合うことによって感じ取れるかもしれないという淡い期待を抱きながら、これからも沖縄の離島めぐりを続けたいと思っている。

【理解をより深めるための手引き】


安里英子『沖縄・共同体の夢——自治のルーツを訪ねて』榕樹書林、二〇〇二年。

ケン・プラマー著、原田勝弘・川谷隆男・下田平裕身監訳『生活記録の社会学——方法としての生活史研究案内』光生館、一九九一年。

中野卓『生活史の研究』東信堂、二〇〇三年。

野本三吉『生活者（一九七二—二〇〇〇）』社会評論社、二〇〇三年。

比嘉康雄『日本人の魂の原郷 沖縄久高島』集英社、二〇〇〇年。


（初出：『地域の自立 シマの力（下）』二〇〇六年、コモンズ刊に所収）

時代を記録し創造すること

手触りの世界への回帰

きょうは二〇一一年八月七日、久しぶりに落ち着いた日曜日である。

数日前から大型の台風九号が、沖縄の近くを通過したこともあり、またその台風が時速十キロにも及ばないという超スローな動きだったので、強い雨と風の中に閉じ込められ、家から一歩も外に出られないという状況であった。しかも八月四日(木)の夜からは二日間にわたり停電となってしまったので、電気は使えず、夜になれば寝るしかないということで、きわめて健康的な生活も送ることができたのであった。

暗闇の中で、台風のゴーゴーという風の音と、激しく降りつける雨の音を聴きながら、三月に東日本を襲った大地震と大津波、そしてフクシマ原発の大事故のことをずっと考えていた。

そして、この間、文章が書けなくなっていることの意味が少しわかってきたような気がした。

ぼくは一九七二年、横浜の寿生活館でソーシャルワーカーの仕事を始めた時から個人通信「生活者」を毎月発行するようになっていた。繁栄を誇る日本経済の谷間で、肉体一つを頼りに働き続ける日雇労働者の現実を多くの人に知ってほしいという思いから、この通信は途切れることなく続いた。

仕事はその後、児童相談所、横浜市立大学へと変わったが、その三〇年間、個人誌は続いた。二〇〇二年に、ぼくは沖縄に居を移し、沖縄で生活を始めたのだが、「生活者」の発行は中々できなくなっていた。

そのかわり、日々の私的記録である「フィールドノート」は毎日書き綴っていた。通信で書き始めると内容が多すぎるということもあったが、それまであった内的衝動のようなものが弱まっているのも確かなことであった。

個人的な思いはあふれるほどにあるのだが、その内容を多くの人に伝えるという気持にはつながっていかなかった。

二〇一〇年四月、ぼくは思いもかけず沖縄大学の学長に選ばれるということになり、今まではかなり違った生活になり、大学全体の情報を知る必要もあったし、また情報を交流させる必要も感じたので、月一回「沖縄大学コミュニティ通信」を発行し、全教職員に配布することにした。

大学の基本方針や、個人情報、学内外での出来ごともできる限り、ぼくなりの思いで書き込んでいったのだが、この情報誌は、さまざまな形でコピーされて多くの人の目にもとまるようになり、内容についてのチェックがかかるようになってきた。

ぼく自身は個人通信のような形で気軽に書いていたのだが、学長という立場で発行すれば、どうしても公的なものになってしまい、内容についての点検が必要になってきたのであった。

そんな中で、三月十一日には東日本大震災が起こり、三月十八日は卒業式であった。

何とか三月までの一年間、ぼくは「沖縄大学コミュニティ通信」を発行してきたのだが、どうしても公的な立場での通信がつらくなってきていた。したがって、今年の四月から現在まで通信は発行していない。通信はどうしても個人的な思いがなければ書けないし、不特定の人々に書くことが難しい。また、書く場合には一定の相互信頼関係がなければ手渡す気持になれないというのも事実である。

そこでぼくは、しばらくは沈黙することにし、自分の中で何かが醱酵するのを待つことにした。

今年の二月十一日は、ぼくら夫婦の三七回目の結婚記念日であった。この日から十三日の日曜日の夜まで、大東島へ行くことにした。

まず北大東島に渡り、島内を一周し、海岸では厚い雲の間から輝く太陽が顔を出し、大空からのエネルギーをからだ一杯に浴びることができた。

翌十二日の午後には南大東島に行き、入りたいと思っていた地底の鐘乳洞「星野洞」に入った。以前、南大東島に行った時、この星野洞を知り、この世のものとは思えぬ程の美しさに心を奪われた。

今回はぜひこの鐘乳洞に入りたいと考えていたのであった。到着した時は夕方であったが特別に入れていただき、ユックリと歩いた。乳白色の神秘的な世界には、まるで生きているかのように見える神仏の姿や母親や母に抱かれる子どものような鐘乳石が並んでいる。

日常の生活では全く気がつかないが、地下には、このような神々しい世界があり、現実生活を支えているのだと感じた。

翌日の十三日にも、もう一度入ったのだが地底の太陽の光を浴びたような思いであった。

久しぶりに南北大東島まで行くことができ、不思議なエネルギーをもらって帰宅すると、借家を見に来ないかという連絡を受けた。

ぼくらは沖縄に来て、はじめは大学近くの那覇にアパートを借り、数年前に南風原にあるアパートに移ってきていた。

しかし、本も増えてしまい、もう少し広い部屋と家賃も安いところがほしいと思っていたのであった。

妻の知人の紹介で、大東島から戻ってきたその夜、その家を見せていただいた。

二階建の大きな一軒屋。二階には広いベランダもある。これまで老夫婦が住んでいたが二人共亡くなり、誰か借りてほしいと思っていたのだという。広々とした空間、風通しのよい部屋。ぼくらはスッカリ気に入ってしまった。まるで大東島から帰ってくるのを待っているかのような一軒屋の紹介であった。

さっそく、片付けなどして四月から借りることにしたのが二月十三日の夜である。

それから約一ヶ月後の三月十一日、東日本大震災は起こった。大津波の激しさは、これまで見たこともなかった程の規模であったが、それ以上に不気味だったのはフクシマ原発の大爆発である。

目には見えないが大量の放射能が放出され続け、雨や風にのって放射能は関東地方にまで拡散し、東京や千葉の水道からも放射能が検出される事態にまで発展した。

原子炉の修理に入っていた人からの伝聞で、原子炉の中にまで亀裂が入っており、関東の人も避難した方がよいというメールを受けた人からの連絡があり、長男の妻と二人の娘（小四、小二）が沖縄に避難してきたのが三月十八日。沖縄県知事が避難する人々を数万人規模で受け入れると発表したのは十九日。

大変なことが起こっている。官房長官は「当面は心配ない」と報告し、表面的には隠やかな日が続いているが、現実には放射能洩れは続いており、野菜や牛乳からも高濃度の放射能が検出されていた。

娘夫婦にも連絡し、娘と二人の子ども（一歳、〇歳）が沖縄に避難してきたのは三月二十日。フクシマを中心とした被災地の子ども達の受け入れ準備、また大学での防災委員会を設置したのもこの頃である。

しかし、全体としては極めて静かな反応で動きはにぶい。震災支援の県民会議もつくられたが声がかからない。

小さなぼくらのアパートは、二人暮らしから一挙に八人暮らしとなり、一杯となった。こんな状況の中で人事移動があり、入学式があり、新学期がスタートした。

小学生の孫が帰ったのは四月の新学期。

原発は、ぼくらの身の丈を越えたコントロールのきかない巨大なシステム。

いったん事故があれば、ぼくらには制御できないものになり、人間の能力を越えて暴走しはじめる。

こうした混乱の中で、ぼくらは新しい借屋へと転居した。あわただしい引っ越しだったが空間は広がり、幼ない孫たちも休める場所もできた。しかし沖縄のこの静けさは一体何なのか。深刻な状況が刻一刻と進んでいるのに何もできない。原子力の専門家の声が届かない。聞きたいことが伝わってこない。

キチンとした放射能の測定もされていない。

しかも、原子炉の中で作業をしているのは下請け孫請けの作業員。専門家にまかせる以外何もできず、その具体的な指示もない中でぼくらは日々を仕事に追われて生きている。

あまりにも生活のシステム、社会のシステムはぼくらから遠くへ行ってしまった。

手触りの感じられない時代の中で、ぼくは学生や孫たちと、手をとり合い、日常の暮らしをつみあげていく他はなかった。

空しく、悲しく、つらかった。その中で日々の記録がつみ重なっていく。しかし外に出す気にはなれなかった。

こうした状況の中で、ぼくはやはり「手触りの世界」に戻り、そこから暮らしを組み立て直すしかないのではないかと思い始めていた。通信は出したかったが、ぼく自身いつのまにか肉声で私的なつぶやきを書くことができなくなっているような気がした。

でき上がったルールや約束の世界でコミュニケーションもしているような気がしてきた。

この数日間の台風の暗闇の中で、ようやくぼくがたどりついたのは公的な言葉から自分なりの言葉へと思考そのものも取り戻さねばいけないのではないかという思いであった。

通信も手紙形式にしようと決めた。通信もパソコンではなく手書きのコピーにしようとも決めた。大震災、原発事故がぼくに気づかせてくれたのは、この直接性、手書き、手触り、手づくりの世界への回帰だった。

したがって、この文章もあなたへの手紙のつもりで書いている。

フクシマ、水俣、沖縄の回路

台風の音と暗闇の中で考えていたのは、すぐ近くにある原発が今、爆発し間もなく自分も死ぬとしたら、ぼくは何をするのだろうかということであった。

放射能は、既に日本列島を覆い、どこにでも放射能は降っているし、食べものの中にも混入しているので、細胞内での内部被爆の可能性は全ての人に及んでおり、そのための死は現実的なものなのだが、すぐにその結果がでないので実感が湧かないが、ぼくらの生活はきわめて危険な状況の中にある。

この暗闇の中で、ぼくが考えていたのは、会いたい人の顔や姿、声のことであった。子ども達や孫の一人ひとり、そして親しく付き合ってきた友人たち、先輩や後輩たち。そんな一人ひとりが浮かんできて、涙があふれてきた。会いたいとも思ったし、この地球上で会えたことへの感謝もあった。

その人に会えば心ときめき、元気が出、安心して何かやりたくなるような関係がとても懐しく生きていると感じられるもっとも確実なものだと思った。

作家の工藤直子さんの作品に、「あいたくて」という詩がある。

あいたくて
だれかにあいたくて
なにかにあいたくて生まれてきた
そんな気がするのだけれど
それがだれなのか、なになのか
あえるのはいつなのか

おつかいのとちゅうで
迷ってしまった子どもみたい
とほうにくれている
それでも手のなかに
みえないことづけを
にぎりしめているような気がするから
それを手わたさなくちゃ
だからあいたくて…

生きていくということは、もしかするとこうした「出会い」そのものなのかもしれないという気がする。

男女が出会って恋愛するのも、夫婦になって共に生きるのも、親子、祖父母と孫として出会うのも、生きることそのものなのではないかとさえ思えてくる。

サークルで出会い、社会活動で共に仕事をするのも、同じ学校で出会うのもみな生きることとつながっている。

そして、この出会いの中から生きる意欲や勇気や希望をもらっているのではないだろうか。一人ひとりの人生は個有で具体的なので出会う人もみな違う。

出会いの中で、人は自らの生き方をつくり、人生を歩いていく。

こうした人間と人間との出会いを切断し、破壊していくもの、それが現代社会では肥大化しているのではないかという気がする。

きのうは八月六日。広島に原子爆弾が投下された日である。今回のフクシマの原発事故は、あの広島型原発が二六個爆発したのと同じ放射能を排出し、残量は一年たっても一〇分の一にしか減らないという。原爆は一年後には百分の一になったという。

戦争は、間違いなく人と人とを切断し、殺し合うシステムである。出会いではなく憎しみの連鎖を拡大していく。

では原発、チッソ工場、基地の建設はどうであったのか。東電の福島原発は、日本の中枢である首都圏へ電力を安定供給し、チッソ水俣工場は化学製品の原料を製造、提供し近代日本の経済成長に貢献している。

どちらも日本経済の発展という国策を背景にしており、受け入れる地元も過疎から開放されるチャンスでもあった。

やがてどちらにも企業城下町が形成され、チッソと水俣は切っても切れない関係となり、水俣病の原因を工場排水と考えた漁民がチッソ工場へ抗議した時、水俣の商工会議所、市議、そして労働組合までもがこの抗議に反対している。

福島原発も地元住民の多くが東電の関連会社に勤めており、東電や原発を批判することはできない構造になっていた。

そして水俣病の患者が差別され、結婚や就職でもつらい思いをしてきたのと同じように、福島県の小中学生が避難先で仲間外れにされるという差別も起こっている。

今回、玄海原発を抱える佐賀県玄海町が、原発再稼動を担おうとした背景には、国策である原発を受入れ、地元の経済界、建設土木業界への援助に期待しているところがある。

こうした構造は、原発と米軍基地を抱える自治体に共通している。

沖縄の名護市もこれまで「地域振興」のためにこうした補助金を目当てにしてきたのだが、いつのまにかこうした補助金、交付金がなければやっていけないという依存体質を作りあげてしまったのである。

玄海町は再びこの構図に身をまかせようとしているように思える。

一方、名護市は経済的には厳しくなっても自分たちの力で生活を作りあげていこうという意志を示している。

にもかかわらず、国は強引に同じ構造へと引きずり込もうとしているのである。

こうしたフクシマ、水俣、沖縄の構造を見てくると、国の政策は常に手触りの世界、直接的な人間関係を破壊し、自分たちには手の届かない機械や原子力、科学そして基地を押しつけ、そのマイナスの結果をも地域住民に覆いかぶせようとしているように思える。

自分たちの身の丈にあった生活、そこで出会っている住民同志の手触りのコミュニティを中心とした暮らし方がやはり一番安心で、何かあった時の修復も可能になる。

その地点にフクシマも水俣も沖縄も戻れるかどうか。

既に水俣市は、水と緑のまちとして立ち直りを始めており、自然と共に生きるエコロジーのまちづくりを始めている。

その意味では、水俣市をモデルに原発のある自治体も、また基地のある自治体も新たな「まちづくり」に進んでいく大きな転拠点にきているような気がする。

世相を記録し、創造するサークル

ぼくはこれまでいくつかのサークルに参加してきたが、青年時代からずっと参加しているものに「山脈（やまなみ）の会」がある。

二年に一度、全国各地を会場に、地元の方が中心に準備をし、全国から仲間が集まり数日間を語り合うのである。

今年は八月二六日から三日間、神奈川県の三浦海岸で行われる。今年が第二七回の大会となる。

今では古典になっているが『無名の日本人～〈山脈の会〉の記録』（白鳥邦夫著、未来社、一九六一年刊）という本がある。これは、一九五九年八月八日から四日間、信州戸隠高原で行われた山脈の会の記録である。農民、中小企業従業員、教師、学生、主婦、家事手伝いなど種々雑多な人々のサークルで、自由な語り合いの場である。
この中で山脈の会の約束が書かれている。
「〈山脈の会〉は、日本の底辺の生活と思想を掘りおこして、それを記録します。
そのために、次のことを約束します。
一、雑誌〝山脈〟を定期的に出します。
二、会員は会費を納めます。
三、三人以上の会員がいるところは〈山脈の会〉を作ります。
四、編集部を、秋田県能代市能代高校白鳥邦夫方におきます。」
また、この集会の討論の中で山脈の会の共通する思いも書かれている。
「現場を掘れ
まず〈おれ〉があり、その主体的な個人が仕事＝現代史への参加と記録をとおして、複雑化し集団化する方式が組識論の出発でもあり中核でもある。
君は君の足下を掘れ、ぼくはぼくの足下を掘る（鈴木元彦）
地域＝底辺＝現場を掘りおこし切崩すことによって、日本全体に連なる方式（白鳥邦夫）
だから、山脈の仲間たちは、各自の仕事（ある程度の専門家になること）と各地の会の共同研究を組むことが要求されている。
それは意識的に雑多で多様であること。」

「後衛になること
バレーボールには前衛中衛後衛とあります。
彼等には各自の位置と方法と責任があります。私はサークル主催者として後衛でありたい。自己のポジションに責任をもち、前衛中衛を助けながら、じつは最も広範なフットワーク＝目撃とその記録を行っている。」

実は戦後六〇年目の二〇〇五年五月に、第二四回山脈の会を沖縄で行っている。その数年前に白鳥邦夫さんが亡くなり、白鳥さんがやりたいといっていた沖縄でやろうということになり〈沖縄集会〉が成立した。沖縄大学の新崎盛暉さんと、ひめゆり学徒であった上原当美子さんのお話を中心に語り合った三日間。今も忘れられない。

あれから六年が経過し、東日本大震災、フクシマ原発事故が起きた。

山脈の会は、第二次世界大戦で生き残った大学生を中心にしてつくられたサークルである。無名であること、貧しいこと、そして持続すること、現場に足を降ろし、現場を掘り、日本の底辺を記録し創造すること。

ぼくは、もう一度、この山脈の会の発想にたち返り、記録をしようと考えている。

この八月一日(月)、ぼくらは「ティーダ・キッズプロジェクト実行委員会」をたち上げ、宮城、福島から五五名の小中学生を沖縄に招待した。

沖縄戦では最も激しい戦闘の島となった伊江島が、村長をはじめ村全体で子ども達を受け入れてくれることになり、また民間で牧場を経営している方々が乗馬のチャンスも提供してくれ、この企画は実視した。

また、交通費や宿泊代、食事代等についても沖縄県の市民一人ひとりの募金と、沖縄県信用保証協会など各種団体からの寄附も集まり、夏休みの子ども達を迎えることができた。

空港では、沖縄大学の学生たちがつくってくれた手作りの横断幕「めんそーれ、ティーダキッズ」が拡げられ十一日間の民泊生活が始まった。

参加した子ども達からは事前に作文を書いてもらった。その中にはこう書かれている。

「あの日、私が生まれ育った町に黒い濁流が押し寄せ、何もかものみ込みすべて壊し流していきました。」

「何だか疲れた、不安な気分が続いている。

今もあちこちあるがれきや、損壊して残った家を見ると、あの地震の恐怖が胸の底からぐぐってよみがえってくる。」

ぼくらは夏休みの期間中だけでも、こうした不安から離れ、沖縄の太陽の下、自然の中で思いっきり楽しんでほしいと思っている。

しかし、この数日間、台風九号が伊江島にも牧場にもやってきた。けれど台風には慣れている島の人々との暮らしの中で、被災した子ども達は思いのほか明るく過ごし、きょうからの数日間をまっ青な海と、白い砂浜でユックりすることができると思う。

互いに触れあい、声をかけあい、共に暮らすことによってつくりあげられていく生活と文化。そこからもう一度、生きていくことが可能かどうか。ぼくも沖縄の地で「手触りの世界」から、現代の世界を見、感じそして記録をしていきたい。そして、その先に安心できる暮らしと文化、思想をつくりだしたい。

（初出：『公評』二〇一一年一〇月号所収）

Ⅳ

信頼と生活力

生きぬくこと、それが君の仕事

社会人基礎力とは何か

ぼくは二〇〇三年から沖縄大学の学生部長となり、学生の日常生活をサポートする仕事をしている。

学生部には「学生課」「就職課」「保健課」「学生生活支援室」などがあり、それぞれ学生の相談や支援活動などを行っている。

学生証や学割の発行、授業料の分割・延納からアパート紹介、アルバイト紹介、落としもの捜しなど生活全般に渡る相談業務を行っているのだが、課別に主な仕事を列挙すると、「学生課」はサークルなど課外活動、行事（大学祭、スポーツ大会、父母懇談会など）、奨学金、授業の相談などに応ずる。「就職課」は就職活動に関すること、各種の資格や試験、インターンシップや実習の支援。また、「保健室」は健康診断やケガ、病気の応急処置、さらに健康に関する相談に乗っている。

そして「学生生活支援室」は学生生活上の悩みや不安などを支え相談に乗る役割を果たしている。特に最近は、心身に障がいのある学生も入学してくるようになり、障がい学生支援も大事な役割になっている。

沖縄大学は、一学年五百名ほどの小さな大学なのだが、学生部は忙しい。

こうして日々学生の相談に乗っていると、実に多様な学生がいるのだと実感する。

そして、大学での生活や友人との関係がうまくつくれず、登校できなくなったり、退学する学生もかなりいることに気づかされる。大学は高等教育の場であり、小、中、高校のなかで基礎的な学力や生活力を身につけて入学してくるはずなのだが、困難な問題にぶつかり挫折していく学生も多い。

果たして大学では何が期待され、どんな能力が身につくと考えられているのであろうか。

近頃そんなことが気になり始めている。

多くの学生は、卒業と同時に就職していくことになるのだが、社会からはどのような能力が求められているのかを考えることが多くなった。

経済産業省では、二〇〇六年二月、社会が求める「社会人基礎力に関する研究会」(座長、諏訪康雄法政大学大学院教授)を発足させ、その内容を発表した。

この研究会では「社会人基礎力」を「学んだ知識を実践に活用するために必要な力」と定義し、その内容を三つの能力と十二の要素に分けて整理している。

まず「社会人基礎力」を三つの能力に分けると、次のようになる。

第一は「前に踏み出す力（アクション）」。これは、一歩前に踏み出し、失敗しても粘り強く取り組む力とまとめられている。

一般的には「積極性」「外向性」、「行動力」「実行力」といわれるものである。

この「アクション」をさらに三つの要素に分解すると「主体性」（ものごとに進んで取り組む力）」と「働きかける力（他人に働きかけ巻き込む力）」、さらに「実行力（目的を設定し、確実に行動する力）」となる。

第二は「考えぬく力（シンキング）」である。これは、疑問をもち考えぬく力とされている。

その要素には「課題発見力（課題を分析し、目的や課題を明らかにする力）」、「計画力（課題の解決に向けたプロセスを明らかにし準備する力）」、そして「創造力（新しい価値を生み出す力）」が含まれている。

最後は「チームで働く力（チームワーク）」。多様な人々と共に目標に向けて協力する力がこれにあたる。

そして、このチームワークを構成する要素としては、次の六つがあげられている。

「発信力（自分の意見をわかりやすく伝える力）」、「傾聴力（相手の意見を丁寧に聴く力）」、「柔軟性（意見の違いや立場の違いを理解する力）」、「情況把握力（自分と周囲の人々や物ごとの関係性を理解する力）」、「規律性（社会のルールや人との約束を守る力）」、「ストレスコントロール力（ストレスの発生源に対応する力)」。

さすがにこの研究会では、理想的な人間像、現代社会が求める社会人のイメージをよくまとめたと思う。

実行力があり、よく考え、そして、チームワークにも目を配る人。

しかも、経済産業省、つまり企業の人材育成を中心にして考えてみれば、企業を守り発展させていくという視点から見事にその要素を抜き出したなァという印象はある。

そして、このレポートではさらに、こうした人間を育成、教育するためのシステムについても言及している。

それは、大学教育の内容、方針にも一定の影響力を与えるものになっている。

例えば、社会人基礎力を養成するためには、まず「知識教育」を徹底させることが必要とされている。つまり、よく考えるためには「基礎学力」と「専門知識」をまずシッカリともってもらわねばならない。

その実親のためには学校教育の各成長段階に応じて、基礎学力や専門知識を習得させることが必要であるということになる。

さらに「実践力」や「チームワーク力」をつけるためには実践的な教育やキャリア教育が必要になってくる。

したがって、このレポートにはこのような教育方法への提言も含まれてくる。

「キャリア教育やプロジェクト型授業、インターンシップ等の実践的な教育を体験することにより、社会生活の基本となる就業意識の養成や、社会人基礎力の育成を行う。」

既にこうした流れのなかで、小、中、高校及び大学でもインターンシップと呼ばれる「現場実習」という要素が授業のなかにも組み込まれるようになっている。

学生はさまざまな職場、企業、さらには自治体などに一定期間派遣され、そこで実際の仕事に触れながら、チームワークや実践力を身につけていくというのである。

例えば、ぼくは社会福祉の分野を担当しているが「社会福祉士」という国家試験を受験するためには、約一ヶ月間の「社会福祉援助技術現場実習」という実践教育が必修となっている。それぞれの福祉現場の職員として日常業務にたずさわりながら、その実践力を養うという内容である。

こうした現場実習（研修）は、医師や看護師、弁護士、教師などでも必修とされている。現代では、各企業が求める「社会人基礎力」が提示され、ホームページでも紹介されている。例えば、トヨタ自動車とか三井物産では、求める人材像として「前に踏み出す力」を重視しているとか、日本航空とか味の素では「チームで働く力」が求められているといった具合である。

こうして、教育の現場、特に大学における就職などに関わっていると、人間の能力というものは計画的につくられ育てられていくものだという前提のもとに実践が行われているように思える。

人間の能力というものが、工場で生産される商品、製品のようにつくられるものと考えられているような気がしてならない。

学校という教育現場は、そう考えると人間能力生産工場、あるいは、能力加工工場とさえ考えられるのだが、もっと自由に人間という生きものを見つめ直してみたいとぼくは考えている。

聴こえないから感じられる

二〇〇四年四月、沖縄大学に一人の聴覚障がい学生が入学した。

その学生がＡＯ入試で受験する時の面接をぼくは同僚の教員と一緒にすることになった。全く声が聴こえないというので筆談をすることにし、間に白紙を置き文字を書きながらの対話になったのだが実に楽しかった。

その受験生の名前は田中息吹君というのだが、何よりも笑顔がよかった。

そして、その時にはまだよく聴き取れなかったのだがよくしゃべるし、よく笑う。

何と話したのか知りたくて文字で聴くと、彼は早く伝えたいと思うのか、手ぶりも交えながら文字を一気に書いた。

その時、ぼくは彼なら四年間一緒に学び合えると直感した。そして他の学生にも大きな影響を与えるだろうとも思った。入学判定会談では、福祉文化学科の教員も、はじめての体験だが一つの課題として取り組んでいこうと賛成してくれた。

入学式には、彼の母親も参加してくれ、全教員との懇談会も行われたが、筆談を中心に思いの外、明るい交流会であった。そして、いよいよ日常生活が始まる。

　科目の登録や、そのための説明、大学の校合の案内など全ての生活で対話が必要になってくる。ぼくはあらゆる機会を活用して学生に彼を紹介し、彼と友達になってほしいと頼んだ。この年ぼくは学生部長にもなったので、何とか田中君を支える体制をつくりたいと考えていた。

　四月にオープンしたグリーンカフェという食堂に行くと、女子学生に囲まれて談笑している田中君がいた。

　沖縄の若者がもっているあたたかな雰囲気にぼくは救われたと思った。

　やがて授業が始まり、授業筆記（ノートテイク）が必要になった。

　この未知のノートテイク作業に参加してくれる学生が一年生を中心に二十名余りも集まり、ぼくも驚いたのだが、どのように授業筆記をしたらよいのかわからないという学生の要望があり、五月には「ノートテイク入門講座」を開講することにした。

　沖縄でノートテイクをやっておられた酒井ひろ子さんを講師に第一期の講習会が行われ、田中君を中心とした仲間が大学の中にできあがっていった。

　大学内には、田中君の紹介やノートテイカー募集のチラシが貼られたり配られるようになり、先生方への広報も必要になった。

　そこでぼくは教授会で田中君の紹介と講義での配慮、協力をお願いしたのだが、なんと法経学部の上級生にも聴覚障がいの学生がいることがわかったのであった。

その学生は、少しは聴こえるのだが、授業には困っており、この学年も含めてのノートテイク活動が始まり、二人の学生の授業の保障をしていくためには計画的な支援体制が必要になり、コーディネーター役の学生が必要になった。この役をぼくのゼミの女学生が担ってくれたのはうれしかった。

こうして組織的なノートテイクが始まり、勉学保障という形でスタートした障がい学生支援は、聴覚障がい学生への情報保障、生活支援へとその内容を拡大していくことになった。そして、学生部としては、学生のボランティアに頼ってはいけないと考え、ノートテイクに参加してくれた学生に図書券による報償費を出すことにし予算を組んだ。

またコーディネーターを学生に頼むということも乗り越えたいと思い、翌年からは沖縄大学の卒業生を学生部の職員として採用し、障がい学生支援専門の担当にしてもらった。

さらに、大学内に「障がい学生支援委員会」を立ち上げ、各学科から委員を選出してもらい、聴覚だけでなく身体障がいの学生をも視野に入れた対応策を考えていくことにしたのだった。

こうして学内で障がい学生との関わりが深まり始めた頃、大学の近くに住む視覚障がいの六十歳の方が那覇マラソンに出場したいが、伴走してくれる学生を探しているという情報が入った。

ぼくは授業の時、その方のボランティア募集をし、実際、その方に授業の時に来てもらい、これまでの生活やマラソンにかけたその方の思いを語ってもらったのであった。その方は若い頃、マラソンが趣味で走っていたが、数年前に失明し、仕事も辞め一人暮らしになっていた。だが、もう一度、目が不自由でも走ってみたいと思ったのだという。

しかし一人では危険であり一緒に走ってくれる人がほしいというのである。

この提案に学生は関心を示してくれたけれど、すぐに名のり出てくれる学生はいなかった。ところがしばらくしてなんと田中息吹君がやりたいと言ってきてくれたのであった。

田中君は陸上競技が得意だという。

マラソンには挑戦したことはなかったので考えていたけれど、ぼくでよければ手伝いたいと言うのである。

ぼくも驚いたけれど、この田中君の申し出を紹介したところ、何人もの学生が手を上げてくれた。

こうして視覚障がい者のマラソン伴走に聴覚障がいの学生があたるという前代未聞のプランが実現することになり、那覇マラソンの半年前から近くの公園での練習が始まった。

人通りが多くなると危険なので練習は早朝と決まった。午前六時から一時間半毎日行うことになり、ぼくもつき合うことになった。

まず田中君を迎えに行き、午前六時前、まだまっ暗な中、マラソンに挑戦する国吉さんのお宅へ行く。国吉さんはランニングにパンツ姿で体操をしている。

公園に着くと男女数名の学生が集ってくれており、それからジョギングが始まる。

ぼくは十キロほど走ってリタイアするのだが田中君も国吉さんも短いロープで手をつないで毎

朝、二十キロは走った。

そして国吉さんはその年の那覇マラソンを走った。実際には国吉さんとペースの合う別の学生が伴走したのだが、田中君も完走した。こうしたエピソードも交えつつ、田中君のアパートには学生たちがよく集まるようになり、学内にはノートテイクサークルも誕生した。また田中君は時々、小・中学校に呼ばれ、大学生になってからの生活について講演もするようになった。

さらに沖縄にある他大学との交流も進み、シンポジウム「沖縄における聴覚障がい学生の現状と課題」が沖縄大学で開催されることにもなった。他大学にも支援体制が生まれ、大学間交流も活発になり、とうとう田中君が沖縄県の「難聴・中途聴覚障がい者協会」の会長になるというところまで進んでしまったのであった。

そして今年の二月、「九州地区難聴・中途聴覚障がい者大会」が、三日間、沖縄大学を会場に開かれることになった。

この大会を支えるのも、田中君を囲むノートテイクサークルの仲間たちである。また、その後も沖縄大学には聴覚障がいの学生が入学し、今では四名の学生を中心に活動が進められている。こうした動きの中で、学生たちはまるで兄弟姉妹のように語り合い、支え合っている。

確かに声や音は聴こえないけれど、この仲間には感じ合う関係ができ上がっているようにぼくには思える。

人間の能力とは、企業や自治体に役立つものというよりも、さまざまなハンディキャップや弱さを抱えながらも、人間が生きていく力そのもののことを言うのではないかとぼくは考えている。

田中息吹君の生き方は、そのことをぼくに教えてくれているような気がする。

生きる能力、生きぬく能力

今年、ぼくは六十五歳になった。

高齢者の仲間入りをし、これまでの人生をふり返る機会も多くなったのだが、正直よくこれまで生きてこれたなァと感慨深いものがある。

誰にでも人生の上での危機はあったと思うのだが、その都度それを乗り越え、ぼくらは生きてきた。

どのようにしてそれぞれの危機をくぐりぬけて生きぬいてきたのか、そのことをジックリ考えてみたいという気がする。

ぼくが生まれたのは一九四一年。

第二次世界大戦が始まった年である。

その当時、東京の墨田区に住んでいたぼくらの家族は東京大空襲を受けている。

あの凄まじいた空襲の中で十万人を越える人々が亡くなった。あの中で当時三歳であったぼくが生きていられたのはまさに奇跡に近い。ぼくの三つ違いの妹はあの戦争で亡くなっている。

周囲の家は全て焼失した。父と母は、ぼくと妹を連れて必死に炎の中を逃げ、防空壕の中に身を隠し生きのびた。

そこには、わが子のいのちを守ろうとする必死な思いがあったとぼくは思う。

その思いがなかったら、ぼくはあの戦火の中で死んでいただろう。

父と母には無意識ではあったと思うが、次世代（子ども）に未来を托したいという切実な思いがあったのではないかと思う。

人間も一つの生きものであり、本能的には自らのいのちを守り生きたいという思いも切実だと思う。しかし、その延長に人類を次につなぎたい、未来を紡ぎたいという思いも切実だったのだろう。

この子どもへの思いは、自分のことだけを考える発想を超える拡がりをもっているように思う。自分だけというエゴイズムを超えて共に生きる。子どもというもう一つのいのち（未来）と共に生きる、また未来という夢を育てるというのは、一つの能力ではないかという気がする。

自分を生かし、他者も生かす。共に生きていく。できうれば子どもを通して次世代、未来をも守り、育てていく。

それは、自己を生かすことと、他者を生かすこと、他者を支えることは自己をも支えることだという深い生命力への思いがあるように思う。

ぼくは、人間には共に生きる、あるいは支え合うということを通してはじめて真に生きることができるという叡智があるように思える。

それが「人間の能力」だと考えている。

これまでの長い歴史を人類が生きぬいてこれたのは、この支え合いの能力、共に生きる能力のためだとぼくは思う。

苦しい時代、生活が困難だった時代に人々は助け合って生きぬいてきた。

一人だけジャングルや砂漠に放り出されたら生きぬくことは極めて困難である。

しかし、何人かが身を寄り合わせて生きているとしたら互いに力を出し合い、それぞれができることをして困難をくぐりぬけ、全員が生きることは困難だとしても、他者への思いを受けとめ、生き残れる者が亡くなっていく者の意思を受けとめて生きぬくことはできる。

こうして人類は生きぬいてきたのだと思う。したがってぼくの場合、あの第二次世界大戦で生き残ったことの意味を考えることは大きい。あの戦争で日本だけでも二百万人が亡くなり、地球規模では二千万人が亡くなっている。

原子爆弾も広島、長崎に投下され、ムゴイ死がぼくらの前で示された。

もし「人間の能力」ということでいうのならば、このような戦争という愚かな行為は完全にやめなければならないと考え、決意したことを実現する力ということになる。

したがって、戦後「日本国憲法」がつくられ「児童憲章」や「教育基本法」がつくられたのは「人間の能力」が発揮され、殺し合うのでなく共に生きていくことを大切にし、実現していく決意を示したものだと思う。

もう一つ、ぼくが忘れない危機感は、三十歳の時、横浜の寿町という町で生活相談員をしていた時に感じたことである。

寿町は、東京の山谷、大阪の釜ヶ崎と同じく日雇労働者の生活する街で、ドヤ街と呼ばれていた。故郷や家族、仕事から離れ、身一つで産業予備軍として働く肉体労働の街であった。

この街でぼくは生活相談員をしていたのだが、一九七〇年代から八〇年にかけて、日本は構造不況に陥り、下層の日雇労働者の切り捨ては激しかった。大企業が生き残るために中小企業、下請けの仕事は見捨てられ救済の手がさしのべられることはなかった。

日雇労働者は餓死し、ドヤで病気になり亡くなっていった。あの厳しい不況の中で日雇労働者は必死に助け合い、力を合わせて少ない食べものを分け合い生きぬいていった。

心ある行政マン、医師、弁護士が支えてくれ、全国の農家や三里塚の農家からはお米が届けられ、生きのびることができた。

あの時、人は自分の立場でしかものごとを考えたり感じたりできないのだと感じていた。

自分の暮らし、自分の場から考えることしかできないぼくら人間は、そうした自分の発想を絶対化し固定化して行動する。

そうした限界を打ち破り、現実を知るためには、自分の世界から離れてもう一つの現実の中に身を置くことが必要である。

そして、自らの場も相対化し、想像力をふくらませて相手の立場を考えること、感じることも必要になってくる。

これは、現実を生きぬくぼくら人間にとっては大切な「能力」だとぼくは思う。

おそらく「生きぬく能力」には、もっと多くの要素が必要だとは思うけれど、ぼく自身の思いとしては、人間にとって「能力」とは何よりも生きぬく力であり、そのためには支え合う力、そして相手の立場を思う（感じる）力ではないかと思う。

そんな思いで最近は、卒業生には「生きること、生きぬくこと、それが君の仕事」という文章を贈ることにしている。

（初出：『公評』二〇〇七年三月号所収）

信頼できる社会は可能か

他者を信頼することは可能か

かつてぼくが和光大学で非常勤講師をしていた頃の学生であった大倉直さんが、昨年からぼくのこれまでの生きてきた軌跡をまとめ、一種の評伝を書き始めてくれている。

大倉さんは、現在、ノンフィクション作家として「メキシコホテル」（旅行人）、「陸軍将校のつくったチーズ」（愛育社）、「脱ニッポン人生」（草思社）などの著作もあるユニークな書き手である。

考えてみれば、一九四一年生まれのぼくも今年で七〇歳。ずいぶん長いこと生きてきたことになるし、大倉直さんの言い方でいうと「戦後史と重なる個人史」ということにもなる。その上で、大倉さんは、この作業をぼくに直接インタビューするのではなく、ぼくと関わりのあった人々、つまり他者の視点を通して、彼等へのインタビューを通して描くという手法をとっているのである。

したがって、ぼくの子ども時代、学生時代、さまざまな職業を通して関わった人々に出会い、そこから浮かび上ってくるぼくのイメージを描くという手法である。

はじめ大倉さんからこうした主旨で書きたいという依頼を受けた時は、興味はありつつ、どこかで恥ずかしさと不安があった。

一般的に言えば自分史というのは、自分の視点から描かれ、書きたくないものは書かないという側面がある。

しかし、第三者によって書かれるとすれば、ぼく自身でも気づかなかったことか描かれるかもしれない。

まして、関係した多くの方々と出会い、その人たちが語ることを軸にしてまとめていくとなれば、自分史とは全く異なる視点も出てくるに違いない。

それが恥ずかしさの根っこにあった。

しかし一方で、一つの時代を生きてきた人間をさまざまな角度から見つめるという、もう一つの視点から見れば、客観的には興味深いアプローチだという気もする。

大倉直さんは、学生時代からユニークな学生であった。

講義が終了した後、大学から歩いて鶴川駅まで行く途中にあった食堂に寄り、他の学生たちと一緒に遅くまで語り合うことが多かった。話題は多方面に拡がり楽しかった。

大倉さんは大学卒業後、世界各地を歩き、メキシコでは日本人がよく宿泊するホテルの管理人をまかされ、そこでの体験を「メキシコホテル」という作品にまとめたのだが、その後の旅人たちを訪ねてまとめた作品もある。

後に沖縄で数年間、大倉さんはアルバイトをしながら暮らしていたのだが、その頃ぼくは三人の子ども達と一結に家族五人で沖縄を旅行した。

その時、大倉さんとは行動を共にした。

沖縄のカミンチュを訪ねたり、渡嘉敷島の灰谷健次郎さんの家に一緒に泊ったりもした。

また、大倉さんは結婚式を和光大学の学生食堂で行ったのだが、その時にもぼくら家族は全員で参加させてもらった。

こうした長い間の関係があって、大倉さんは、まるで家族の一員のようであった。

ライフストーリーという人生史の記録法がある。この場合、語り手と聴き手の間には一定の信頼関係があることが前提である。この人には託せない、書いてほしくないという思いがあれば、相互作用の中で、いわば共同作業となる記録は成り立たない。

その意味では、大倉さんからの申し出を、ぼくは受け入れる準備があったと言える。

こうして、大倉さんのぼくの関係者へのインタビューが始まった。妻や子ども達への取材もあった。しかし、その内容についてぼくは知らない。

既にインタビューに応じた方々は三〇名を越えているはず。その取材に応じた方々とぼくに、大倉さんからの個人通信もスタートしている。

タイトルは「三吉さんへの旅」。

大倉さんは創刊号で「三号まで続くだろうか」と書いていたのだが、先日はその第五号が届いた。

「みなさま、こんにちは。ついに第五号です！　十一月の下旬に三回目の〝ツァー〟を行いました。今回は九人の方々からお話をきくことができました。

野本さんが出会われた順番に記すと、一緒に小学校（田舎分校）に入学されたMさん、Iさん。小学校本校（四～六年）、同級生だったHさん、Kさん、中学校で同級生だったTさん、Kさん小学校教員時代の先輩であるMさん。同じく当時の教え子であるEさん。そして三〇年以上飛んで横浜市大教員時代の教え子であるKさん。みなさま、貴重なお時間を本当にありがとうございました。」

この中に、幼なじみのMさんの話がある。

「私には兄がいるんですけどね、その兄貴が『冒険王』とか『おもしろブック』といった当時の少年向けの雑誌を買ってたんですよ。

彼はそれが読みたくてね。新しい号が出ると、私たち兄弟が読み終ったころを見計らってうちに来るんですよ。」

ぼくが小学校へ入学したのは一九四八年、卒業は一九五四年。この頃、ぼくらの家は四畳半に土間がついただけの掘っ立て小屋のようなもの。そこに一家四人が暮らしていた。

床が傾いていて、寝ている間に家族全員が低い方にずれてしまい、折り重なるようにして朝を迎えるのが日常だった。

こうした貧しい生活では、雑誌など買う余裕がなく、本を借りて読んでいた。

この通信には年末特別号として附録もついていた。

小学校の同級生Kさんが提供してくれた卒業文集の中のぼくの作文。

当時はガリ版刷りで読みにくいが、ぼくの直筆の文章のコピーが折り込まれている。

恥ずかしいものだが、イヤでになかった。

むしろ当時のことが思い出されて懐かしかった。こうしてみると、ぼく自身ですら忘れていたことが次々と蘇ってくる。

個人史ではあるが、一つの時代史でもある原風景がここにはある。

今では、ぼくも一人の参加者のような気分で、この評伝を期待しているのだが、その背景には、大倉直さんに対する信頼があり、取材を受けた方々に、これから受けるであろう方々に対する信頼もあるという気がする。

ニクラス・ルーマンは『信頼――社会的複雑性の縮減メカニズム』（勁草書房、一九九〇年）の中で、信頼を「自然的秩序および道徳的社会秩序の存在に対する期待」と定義をしている。

例えば貨幣は、紙に印刷されただけのものだが、この貨幣によって買い物ができる、交換ができるという秩序があり、その安心感によって貨幣は信頼されている。

そこに存在する秩序が崩壊することがないということを信頼している。こうした秩序に対する信頼によって社会は成り立っているとルーマンは言うのである。

そう考えると、大倉さんが書こうとしていること、またぼくに関わった方々が話すことに対する信頼とは、これまでの関係そのものを信頼しているということに他ならない。

子ども時代から現代までの関係を信頼できるということが前提としてある。

例えば、ぼくの予想を越えるような内容が出てきたとしても、そういうこともあったのだと納得でき、認めることができるだろうという信頼があるということである。

つまり、ぼくの信頼していることは、お互いの体験が共有されているという確信と安心感にある。これまでの関係が共有され、それが解明されていくという納得。

関係の共有性への信頼である。

信頼できる社会関係は可能か

個体個の関係の中には、信頼関係が成立するということはわかったのだが、ぼくらは一定の社会関係の中で生活しており、果してこうした社会関係を信頼できるかという問題があるような気がする。

例えば「集団主義社会は安心を生み出すが、信頼を破壊する」という考えがある。

この文章は『信頼の構造——こころと社会の進化ゲーム』（山岸俊男著、東京大学出版会、一九九八年）の中にあったものである。

山岸さんは、社会心理学者だが、集団主義社会の典型として伝統的な村落共同体（ゲマインシャフト）を例にあげている。その小さな例は家族だが、この集団の内部には相互協力が成立しており、内部の人間とだけつき合っている限りは、人に利用されたり搾取されたりしてひどい目にあうことは、まず心配ない。

しかし、閉鎖された集団主義社会からより開かれた社会への展開に際して、この信頼感が揺らいでくるという指摘である。つまり、近代化の中で人々は固定した関係からより広い関係へと解き放たれ、新しいまた異質の相手との間に自発的な関係の形成をしていかないといけないという変化、関係伸長という側面も生まれてきている。

そう考えた時、自集団の仲間との関係は安心していられるが、他の集団に対しては心が許せないという心理が働くという側面を無視するわけにはいかない。

ここに「集団主義社会は信頼を破壊する」という部分が生まれてくるというのである。

ぼくは今、沖縄で「沖縄子ども研究会」という子どもに関するネットワーク活動を行っている。各地で取り組まれている「子ども支援」の団体やグループとの交流を続け、五〇を越える団体とのネットワークができたのだが、この活動も今年で五年目である。

不登校やいじめで苦しんでいる家族や、障がいを抱える子どもを支援するグループ、難病の子ども達とその家族の団体、さらには学童保育、子ども会、児童館、さらには学習支援のグループなど、さまざまな団体が参加し、共通の課題を語り合いながら、それぞれの活動の相互理解を深めている。

昨年は「子どもを守る文化会議」の全国集会を沖縄で開催し、その交流をしたところなのだが、参加しているつ一つのグループや団体の中には、うまくいっているところもあるが、意見が対立して分裂してしまうところもある。

あらためて集団、あるいは組織におけ信頼のあり方について考えさせられることが多い。

社会関係の中で、一定の秩序を期待する意味での信頼について考える場合、山岸俊男さんは二種類の信頼があると述べている。

「①社会関係や社会制度の中で出会う相手が、役割を遂行する能力を持っているという期待。
②相互作用の相手が信託された責務と責任を果たすこと、またそのためには、場合によっては自分の利益よりも他者の利益を尊重しなくてはならないという義務を果たすことに対する期待。」
（『信頼の構造』三五頁）

言葉を変えて言えば、二種類の信頼とは、相手の能力に対する期待としての信頼と、相手の意図に対する期待としての信頼に分けられるということである。

この二種類の期待と信頼は、通常は区別しては使っていないが、そこに共通のものがあるとすれば、それは「安心していられる」という点である。

理由はどうであれ、人間関係において安心を生み出すもの、それが信頼であるということは理解できる。

その意味では、ぼくらが信頼という意味に込めているものは、その人の意図についての信頼に帰着するような気がする。

つまり、相手の意図に対する期待としての信頼ということになる。

例えば、相手が自分を騙そうと思っているのではないか、あるいは利用されてひどい目にあわされるのではないかという不安があれば人を信用することは出来ない。

それに対して、相手を信頼するという意味の中には「安心感」がある。

安心とは、相手が自分を搾取する意図をもっていないという期待と信頼のことである。

こうした前提の中で、山岸さんは次のように信頼を定義している。

「社会的不確実性が存在しているにもかかわらず、相手の（自分に対する感情までも含めた意味での）人間性のゆえに、相手が自分に対してそんなひどいことはしないだろうと考えることである。」（『信頼の構造』四〇頁）

ぼくは沖縄に来る前、横浜市立大学におり、地域の方々と十年余りサークル活動に関わってきた経験がある。

一つは精神障がい者の地域作業所づくりとその運営に関わること。もう一つは、不登校の子ども達とその家族を支える活動。

前者を「金沢海の会」と言い、「スペース海」という地域作業所の運営をしてきた。もう一つは「金沢虹の会」で、親の会、フリースペース虹、そして父親の会、学習会などがある。金沢という名が付いているのは、横浜市大が横浜市金沢区にあったからで、どちらの出発も金沢保健所の市民講座がキッカケであった。特に後者の「金沢虹の会」は、保健所の思春期講座に参加した人たちが、このままで終わらせたくない、何とか支援する活動をしたいと考えたところから地道な活動が始まったもので、今でも忘れられない。

この講座にはぼくも講師と参加し、参加者の多くは民生委員、保護司の方々だったが、その中に、不登校の子どもを抱えた母親が数人おられ、講座終了後に涙ながらに体験を語られたのだった。

当時は、まだ不登校に対する認識も深まっておらず、不登校は親の責任、家庭の問題という指摘が多い中で、その母親は必死の思いで話されたのだが、その発言が参加者の胸深くで受けとめられ、何ができるかが真剣に話し合われたのであった。

こうして「親の会」が生まれ、親同志での交流が始まった。受けとめてもらえるという信頼と安心感が一つ一つつながり合って、単なる話し合いから、お互いに家族交流も始まり、子ども達が集まる場所がほしいという話になり、フリースペースが誕生した。

参加者同志で食事をつくり、大学生が学習支援や話し相手に参加し、集ってくる子ども達も増え、子ども達同志の交流も始まった。

すると、今まで参加してこなかった父親も参加しはじめ、父親の会まで生まれ、これが思いもかけずに発展し、父親の悩みも吐き出せる場が生まれたのであった。

二〇〇四年十一月「金沢虹の会」は十周年の集いを行い、ぼくも参加させてもらったのだが、現在は金沢区の仕事として「金沢子育てトータルネット宙」「フレンドスペース金沢」「さつき会」などとして確立し、安定した活動として展開している。

この活動には、お互いの思いを理解し合い、受けとめ合って、安心できる社会システムをつくっていこうという思いがあった。

それは相互に信頼の絆をつくりあげ、安心して生きたいという思いともつながり、社会システムとして確立していくことになった。

沖縄での取り組みも、こうした信頼の輪をつなげ、社会システムとしてもつくりあげられたら、いいと思っている。

その意味では、信頼できる社会関係は可能だと思うし、信頼関係を可能にする安全な生活を支えるセーフティネットの構築は不可欠なものだと考えている。

信頼できる共同体社会は可能か

近代社会の矛盾や問題点が指摘されて久しい。個人がバラバラになり、人々は資本主義の一つの駒のように使われ捨てられていく。

孤立、孤独、不安、ゆきづまり、疎外といった言葉が拡がり、あきらめ、失望が心の中に芽生えている時代。

だからこそと言うべきか、関係性、共同性、コミュニテイという言葉も拡がり始めている。経済的な成長を追い求めるよりは、もっと内面的な心の充実を目指すべきだという主張も生まれてきている。

幸福とか希望に、これからの生き方を求める発言も多い。

希望学を提唱している玄田有史さんは、三人に一人が「希望がない」もしくは「希望はあるが実現しそうにない」と感じているという。そんな中で、活動に駆り立てる人間本来の衝動（アニマル・スピリット）を取り戻すべきだと主張もでてきている。

気持はよくわかるのだが、何か基本的なものが抜けているような気がしてならない。

そんな折り、内山節さんの『共同体の基礎理論』（農山漁村文化協会、二〇一〇年）を読んだ。同じタイトルの本は大塚久雄さんがかつて書いたのをぼくも読んだ記憶がある。

大塚さんは、その著書の中で、社会は封建主義から資本主義、そして社会主義へと進化していくものと書かれていた。

そして共同体はむしろ否定すべき古い体質をもっていると指摘していたように思う。

それに対して内山さんは、「共同体は克服すべき前近代から未来への可能性へとその位置を変えたのである。」（『共同体の基礎理論』一二頁）と肯定的に解釈している。

しかも、その共同体のイメージも欧米型、ヨーロッパ型ではなく、アジアや日本の共同体の再評価という形で進められている。

西欧における共同体は、人間が中心に形成されていると内山さんは言う。

「ヨーロッパに生まれた自治は人間社会の自治である。だから人間どうしの契約という考え方もでてくる。民主主義もまた人間社会の統治の仕方である。」（『共同体の基礎理論』四六頁）

人間中心の社会づくり、共同体づくりは、どうしても人間以外の存在を利用するという発想になる。すると、自然や他の動植物は利用し、活用すべき対象となり、人間の都合に合わせて扱われることになる。

そうした生活スタイルの延長が現在の環境破壊や自然資源の枯渇につながってきていると考えられる。

同様にこの発想は、欧米中心主義ともつながり、アジア、アフリカ、中近東への対応にもつながっているように思える。

とすれば、利用され搾取され続けてきた国々や人々は信頼関係とは遠く、差別構造をそこから読み取ることになっていく。

それに対してアジア、アフリカ諸国の共同体は違っている。自然と人間とは敵対するもの利用するものではなく、共存し共生するものだという考え方があった。

例えば日本の共同体と自然との関係はこのようなものであった。「自然を取り込み、自然への思いをたえず再生産することによって、自然と人間の自治を行ってきたのが、かつての共同体である。

だから日本の共同体は自然への信仰を抜きにしては語りえないものであった。」（『共同体の基礎理論』、四八頁）

この発想は、人間と自然は本来一体化するものだというところに至る。したがって、死ねば、自然に還るとも考えられていたのである。山も海も森も土も、人間とは切り離されてはいないのである。

共同体（村）とは、人間だけの里ではなく、自然と人間の里であるということが、当然のこととして考えられ実感されていたのであった。つまり自然は、人間の生活の土台であり、恵みをもたらす基盤でもある。

さらに生と死を包み込んだ存在として共同体はあったのである。

相互不信と不安が増殖し、個々人がバラバラになり、生命力を失ない行き詰まっていく社会の中で、充足感のもてる社会にするにはどうすればよいのか。

結局のところ、それぞれが生きている現場、生きている世界を、相互の信頼関係を基盤として再創造していく他はないのではあるまいか。しかもそれぞれの共同体社会が他との関係を拒絶したり排除するのではなく、協力し連なり合っていく関係を創造していくことも必要になってくる。

つまり、固有の小さな共同体が多様に存在し、しかも交流連合していく社会、それもまた共同体といえるのではないかという気がする。人は、いくつかの多様な共同体に所属し、そうした共同体が連携していく、「自由連合」の社会がこれからの方向なのかもしれない。

「ただしそれを共同体と呼ぶには一つの条件があることは確かである。それはそこに、ともに生きる世界があると感じられることだ。

だから単なる利害の結びつきは共同体にはならない。課題は、ここにともに生きる世界があると感じられる共同体をいかに積み重ねていくかなのである。」（『共同体の基礎理論』一六九頁）

ここまできて、大倉直さんが、ぼくという個人に関わり合う方々を訪ね歩き、話を聴いているのは、見えない共同体をつなぐ作用なのかもしれないという気がしてきた。

ぼくは、どこに住んでいても、そこがぼくが生きる世界（場）だと感じていたことは確かである。したがってそこには見えない信頼の絆が生まれてきたのかもしれない。

どこで暮らそうと、そこに「ともに生きる世界」ができることを信じて、これからも生き続けたいと考えている。

（初出：『公評』二〇一一年三月号所収）

安心・安全・信頼の構造

非常時と安全性の関係

思いもかけぬことだが、この原稿を沖縄南部にある豊見城中央病院の七階、入院病棟の個室で書いている。

この十数年間、入院したこともなかったし、特に健康を害することもなかったので個人的な体験としては非常時に当たる。

一週間ほど前、朝起きるとどうも周囲の音がよく聞こえず、会話もスッキリとは入ってこないことに気づいた。

しかし、聞こえない訳ではないのでごく普通に大学へ出て講義をし、会議もこなした。けれど小さな声や遠くからの発言は聞こえないし、どうやら左側の聴力が弱っているか聞こえないらしいということがわかってきた。ところが二日目になると、左側の感覚がしびれてくるし、時々目まいのような感じもあり、妻と相談して知り合いの病院に受診した。知人の医師は症状を聞くと即座に「耳鼻咽喉科で精密検査を受けた方がよい」と助言し、すぐに紹介状まで書いてくれた。

豊見城中央病院に予約を入れ、翌朝の受診となったのだが、担当された耳鼻科の医師は、話を聞くなりすぐに「突発性難聴です。即入院加療をして下さい」と言うのである。

ビックリして事情を聞くと「このまま放置しておくと症状が固定し治らなくなる場合がありますす」ということであった。

急なことではあったが、職場にも連絡をとり、今後の段取り、また授業についての予定も決めなければならず、二日間ほどは大学内の組織体制、引き継ぎなどであわただしい時間を過した。

こうしてぼくが入院したのは六月の後半。

忙しい大学の業務を抱えている中、しかも十日程の入院は、大学にとっても一つの非常時（危機）であったと思う。

しかし、担当の教職員の方々が適切に対応してくれ、ぼくは無事に入院できたのである。

個別の家庭の中であっても、誰かが病気になる、あるいは長期的に入院するということになれば、日常生活のリズムが崩れることになり、ある意味では非常時、内容によっては危機的な状況になることもある。

しかし、ぼくの場合もう一つ違った役割と責任をもつ立場にあった。

これも全く予想外のことであったのだが、今年の四月から、ぼくは沖縄大学の学長に選出されてしまったのである。

当然ながら、このような仕事はやったことがなく、今年に入ってからはそのための準備と引き継ぎの業務に追われていた。

しかも、以前から予定していた「第五五回子どもを守る文化会議・沖縄集会」の準備もあり、休む間もなかった。

そして四月、入学式から始まり連日の会議、数多い行事への出席や挨拶、大学内外での事故、トラブルの対応など、全く休む日のない日々であった。

どのような形であれ、学長は大学にとっては一つの象徴であり、不在ということになれば、その代理をし代役をする人がいなければならない。また、集団で担っていくということも必要になる。

そうした切り換えがすぐにできるか、ぼくには不安であった。毎週、副学長、学生部長、教務部長、図書館長とぼくを含め五人で執行部委員会を開き、一週間の細かな計画や話し合いも行い、関係はよかった。

また、何かある度に声をかけ合い相談もしてきたし、副学長の先生とは毎朝、打ち合わせも行ってきていた。

ところが、翌日の執行部の打ち合わせで、ぼくは少し安心した。何よりも副学長の先生の対応がうれしかった。

「これまでも一緒にやってきましたし、よくわかっていますヨ。それより疲れがでたのでしょうからユックリ大学のことは忘れて休んでください。」

この言葉を聞いて、ぼくは張りつめていた気持がほぐれてホッとした。

しかし、実際には奨学金の依頼のために県内の各企業を廻ることや、学内で代表をしている各種の理事会も続いていた。

それらについては、学生部長の先生が「何とかなるでしょう。私の方で事情を説明してやっておきますヨ」と答えてくれ、七月までに提出期限の迫っている大学自己点検評価の回答についても、担当をお願いしていた図書館長の先生が、大丈夫ですよと笑顔で答えられた。その他にも教員採用の人事も進んでいたが教務部長の先生なら安心してまかせられた。実は、ぼくにとっても、また大学にとっても非常時であった学長の突然の入院劇は、ぼくが心配した以上に、ごく自然に受けとられ、スムーズに流れ始めたのである。

入院する日は、わざわざ午後にしてもらい、午前中の来客との対応もぼくはするつもりでいたのだが、それも別の方がやってくれることになり、入院当日は、ユックリと準備をし無事に手続きがすませたのである。

健康管理をしてこなかった責任を責めることも、大学の対応の内容について説明をすることもなかった。どこかでぼくは仲間である執行部の先生方を信頼していたし、大学の事務担当の職員も信頼していた。

また、学長になったばかりのぼくのことを気づかい支えてくれている大学全体の雰囲気もうれしく感じていた。

きょうで入院して六日目、特に大きな相談もなく大学の業務は安定して流れている。

ところで、病状の難聴だが、ＭＲＩや点滴、カルボジェン吸入などの検査や治療を受け、ぼくの症状が見えてきたのだが、やはり過労とストレスにより神経が弱り、充分に神経も血液もからだの隅々まで廻りきらなかったところに原因があるようであった。

したがって、過労を取り、からだをほぐし全体のバランスを取り戻すこと、これが治療の基本になるということであった。

いわば安静にし、からだ全体の自然治癒力の回復を待つこと、そのことに専念することになる。この話も納得がいき、ぼくは安心した。現代は、さまざまな科学文明が進み、交通も医療も進化した。したがってさまざまな危機や非日常的できごとからも身を守られ、安全な世の中で暮らせるようになってきたと思っている。しかし、ぼくらにはどこかで不安がある。安全で安心して暮らしたいと願うのは必然であるが、この「安全」と「安心」にはどんな違いがあるのかを考えてみたい。

安全は、危機性の少ない「現実の状態」。

安心は、大丈夫と感じている人間の「心の状態」とする発想がある。

つまり、安全を守る日常の生活と、それを信頼する心の状態（安心感）、もしこの二つが満たされれば、ぼくらは安心して安全な生活を送ることができる。

今回の入院体験をもとに、その周辺を少し考えてみたい。

外部依存社会と安全性

かつては「自給自足」が日常生活の基本的なパターンであった。着るものも食べるものも自分たちでつくるというのが一般的ですらあった。ぼくの家族は横浜の農村地帯に住んでいたが、父は会社員となり、農業ではなかったが、両親とも食べものは近くの畑でつくっていた。畑にはさまざまな野菜が植えられ、食事の時にはそれらを取りに行き食材にしていた。また、鶏や兎を飼うのも一般化しており、毎朝卵をもってきては、ごはんに混ぜて食べたものである。近くに山羊を飼っている家があり、その乳も呑ませてもらっていた。

もちろん衣服も簡単なものは母が作り、破れてもツギを当てて着るのが当然だった。

そして、もっとも記憶に残っているのが父が中心になって家を建てたことである。

父はもともと器用な人で電気器具や、機械の修理などもよくやっていた。自転車やリヤカーが壊れても一人で直してしまったし、ラジオや小物の修理もコツコツとやっていた。

戦後ぼくらの住んでいた家は古い物置小屋で、住んでいるうちに少しずつ傾きかけ、倒れる心配があったので父は町からリヤカーに材木を数本ずつ買ってきて、家の隣の空地に土台をつくり家をつくり始めていた。

どうやら柱も立ち屋根もついて、泥にワラを混ぜ壁を少しずつ塗っている頃、物置小屋が崩れ、住めなくなったので、まだ雨戸も入らない吹きさらしの家へ引っ越したのだが、周囲を草や樹で覆い、何とか住むことができた。また井戸までも掘って、何とか地下水を吸み上げて生活用水としていた。

こうした自給自足的な生活は、戦後の貧しい暮らしの中で、それぞれが工夫して行っていたのではないかと思う。

しかし、戦後の日本の生活は経済復興もめざましく、全てのものを自分でつくったり準備する必要のない時代に入った。

どこかへ出かけるにも歩くか、せいぜい自転車であったが今ではバス、タクシー、電車、そして飛行機や大型客船へと変化している。

そこには専門の運転手やドライバー、パイロットがおり、その人に委せるようになっている。食べものにしても、食材や料理まで売っており、自宅で料理することも少なくなった。食堂に行けば手頃な値段で、日本料理だけでなく中華料理や外国料理も食べられる。衣服にしても家具にしても、その他諸々の商品があふれるほどに巷に並んでいる。

つまり、衣食住のすべてが外部に依存して手に入る時代になっているのである。

それればかりか、教育や世話、そして医療的なケアなどもそれぞれに専門機関ができており、学校や塾、福祉サービスや、医療機関も用意されており、サービスですら外部に依存することが当然になっているのである。

また、かつてのように素人が自己流にやれることができないほどに専門化も准んでおり、外部に委せなければ対応することが難しくなってきたのも事実である。

いってみれば、気がついてみればほくらの生活すべてが専門分化しており、いわば「分業化社会」となり、それぞれの専門家に依存しなければならなくなっているともいえるのである。そして、こうした外部サービス、外部機関に依存しないで生きることが不可能な時代にも入っているのが現代だともいえる。

例えば、ぼくも難聴となり一人ではどうにもならなかった、医師に相談し、精密検査を受け、入院を勧められ治療を受けているわけである。もし放っておいたらぼくの難聴は固定し、不自由な生活になったはずである。

こうして、外部依存を深め、そこに頼らなければ生活ができない時代になると、その外部機関が信頼できるかどうかが重要になってくる。もし、信用できなければぼくらは安心して任せることができない。つまり安全が保障できないことになる。

ぼくの場合、知人の医師は長いつき合いで信頼できる人で安心していたし不安はなかった。したがって、その医師の紹介してくれた病院にも医師にも信頼感はあった。

しかし、もしこうした前提がなくいきなり病院に駆けつけた場合はどうなるであろうか。やはり不安があるはずである。キチンとした治療はできるのか、危険はないのか安全は確保できるのか。一定の情報がほしくなるはずである。今回の入院に際しても、入院手続きの時に、病院の方針や考え方についてぼくも質問してみた。すると、すぐに「入院のしおり」というパンフレットを渡され、詳しく説明をしていただいた。

その第一頁には理念と行動指針が書かれていたが、そこにはこう記されていた。

「行動指針・最良の医療サービスの提供に努めます。患者様との信頼形成に努めます。そのために、全職員は一丸となって、患者様本位の行動に務めます。」

さらに次の頁には、一九七二年、アメリカ病院協会が採択した「患者の権利宣言」が掲載されており、その要記が書かれていた。

例えば、「自分の診断、治療、予後について、理解できるような言葉で、担当医からすべての最新情報を得る権利」「思いやりのあるていねいなケアを受ける権利」「自分の医療ケアプログラムに関して、自分のプライバシーを考慮してもらう権利」など。

現代ではこのように、サーヒスを受ける人の権利を守り、安心・安全な体制がとれるようなシステムがつくられるようになっている。それ故に、ぼくらは安心して治療に身を任せることができるのである。

そして、不安な気持で入院したぼくであったが、早朝から深夜まで気軽に声をかけてくれ気付かってくれる看護師、また食事の配膳をしてくれる人や掃除のおばさんまで全てのスタッフと気持のよい関係ができ、安心して治療に専念できている。ありがたいことだと思っている。

しかし、もし仮に依存すべき機関やスタッフに不安や不信感があったらどうなるのであろうか。安心して身を委ねることができないばかりか、これからの生活、治療への危機感さえ抱くことになるはずである。

そう考えると、現代社会への危機感とは、依存すべき外部のシステムやスタッフへの信頼感がもてるかどうかが大きな鍵のような気がする。

今回、難聴になったので聴覚障がいについても考えてみた。ぼくの場合、幸いにして右耳の聴覚は保障されていたので何とかコミュニケーションが取れているが両耳が聴こえなかった場合はどうなるのであろうか。

今から四年前、一人の聴覚障がい学生が沖縄大学を受験したことがあった。

面接をしたぼくは迷ったが、学生の入学の意志が固いことと、教員の協力も得られたので共に学ぶことになった。

サポートする学生の確保、授業のやり方そしてノートテイクの実施。その学生を受け入れたことから大学のシステムや学生の質が大きく変わっていった。

気がついた時には、大学内に障がい学年サークルができ、手話の授業やノートテイクの講義もでき、授業のあり方や人間関係までが変わり、互いに支え合うというピアサポート体制が整い始めていた。

こりした変化を知って、それ以後、聴覚障がい学生は沖縄大学に入学してくるようになり、専任のスタッフも置かれるようになった。もちろん完全なものではないが、さまざまな不安や悩みを持った人がいた時、身近かな人々や環境がその思いを汲み取り、サポートし合う関係が生まれた時、不安や悩みは安心感に変わっていくことができる。

こうした経験をしていたので、もちろんぼく自身の努力が前提になるけれど、もしきびしい状況になったとしてもそれだけで絶望することにはならないだろうという希望はある。つまり、安心や安全という課題の背景には、人や社会に対する信頼が持てるかどうかということに気付かされたということである。

安心・安全を脅やかすもの

科学史、科学哲学などを専門としている村上陽一郎さんが一九九八年に『安全学』（青土社）という本を出版した。

当時は、安全学などという学問が成立するはずはないと批判が多かったということだが、現在では逆に、政府の施策としても「安全で安心できる国」というスローガンさえ生まれる時代になっている。

裏を返せば、現代の日本社会は「安全・安心」が保証されていないということになるのではないかと村上さんは最近の著書『安全と安心の科学』（集英社新書、二〇〇五年）で述べている。科学技術か進歩し、医学も驚くほどの進化をとげたのに、人々の不安は消えていない。一体それは何故なのか。

村上さんは、それを人間に求めている。

それを村上さんの文章から引用するとこのようになる。

「いったい何が現代社会の安全を脅かし、安心を損なっているのでしょうか。一つは人間そのものです。人間は人間を脅かし、危険に陥れ、死をもたらしてきました。その最もあからさまな形が戦争です。」（『安全と安心の科学』一六頁）

戦争を説明することは難しいことだが、その本質は、やはり人を敵とみるところにあるような気がする。他者（敵）が自分を殺しに来る。それに対応し殺される前に殺してしまわなければ安心できない。あるいは不安が消えないというところから戦争が始まり、終わることなく続いている。

つまり人を信頼できないという、人間の業のようなものがもっとも深いところにあり、その不安を除くためには、他者（敵）を殺すしかないという関係。それが戦争のような気がする。

やはり、人間は生きものであり、生きていくことが守られない、殺されるということに対しては根源的な脅れと不安がある。

もう一つ、戦争には軍隊という人間の一つの典型的なシステムがあるような気がする。

力のある軍隊は、統率力がとれていなければいけない。一人ひとりの兵士が自由に行動していてはまとまりもとれないし、効果的に敏速に行動ができない。

したがって、そこには徹成した上意下達の命令システムがある。上官の命令には絶対忠実に従う。私情をはさまない。

鉄の規律があり、個別の判断を入れてはならないというルールである。

ぼくには、戦争のもっている本質の中でこの二つが特に大きなものに思えてならない。

しかも、戦争という状態になると、この原則は日常生活全てに貫徹してしまう。

例えば「受験戦争」という言葉がある。

誰もが有名な大学や高校に行こうと思い、合格することを目標に競争が始まる。相手が合格すれば自分は落ちるかもしれない。だとすればお互いに教え合ったり、学び合うことは戦争に負ける条件をつくるかもしれない。就職戦争も同じことで、今まで同じ仲間と思っていた友人が、同じ会社を受験したとたんに敵になってしまう。

こうした構造が、現代社会の中に目に見えない形で張りめぐらされ、人を信用することができない状況が静かに深く進行している。

現在各地で起こっている食品の不正表示、偽装、誇大広告、さらにはＢＳＥ感染牛（狂牛病）の輸入問題。また各種の薬害事件や不正事件。これらもよく考えてみると企業間の経済戦争という要素が大きい。

他企業に負けてはならない。そのためにはより安く大量に生産し、より多く売らねばならない。敵に勝つ、敵を倒す、この論理は戦争の論理そのものである。

自らが生き残るために相手はどうなってもかまわない。人手を少なくし、社員数を減らし、より安くする。そのため社員が忙しさで疲れ、倒れてもふり捨ててより前へ進もうとする。安心・安全の社会をつくり出したいという思いはあっても、競争に勝つ、生き残るという戦争や軍隊の立場に立つ限り、安全が保障されているように見えても安心感がない世界になってしまうのではないだろうか。「日米安全保障条約」は、日本とアメリカの安全を守るため、保障するための条約である。安保条約をつくり、基地をいくつ作り、軍人を何人配置し、ミサイルや潜水艦、原子爆弾をいくつ作れば安全なのか、危機が回避できるのか、もしかしたら定量化できるのかもしれない。現在、沖縄に配備されている基地や軍隊、軍備はその計画の上で「抑止力」の根拠になっているのかもしれない。

けれども、不安や安心は、そうした数量化、数位化することがとても困難な領域であるような気かする。

ぼく自身が、ホッとし安心できるためには、その背景に「信頼」できる人と環境がなければならない。

例えば今回、ぼくは保険もあり、受診もでき、入院もできたけれど、仕事もなく収入も充分でなく保険もなかったらどうなるであろうか。当然のこととして治療もできず、症状は悪化し回復することも困難になったであろう。まして周囲に支援してくれる人もおらず孤立していたとすれば、生きる意欲を失うことになったかもしれない。

安心・安全な社会を考えるとすれば、全ての人が最低限の生活と医療の不安のないセーフティネットをつくることがどうしても必要である。かつては自給自足で行っていたことが分業社会の中で互いに補い合ってやっていく時代となった以上、それぞれができることをやり遂げながら、誰もが生きていける社会システムをユックリでもつくりあげていくことが求められていると思う。

そのためには、市民が互いに信頼できる関係を具体的につ一つ一つつくりあげていくしかないとも思う。

沖縄大学では、そんな思いを「ともに学び、ともにつくり、ともに生きる」という言葉でまとめ、大学を一つのコミュニティ（共同社会）として生きていくことを目標にしている。ぼくも、毎月、全教員職員に「沖大コミュニティ通信」というミニコミを発行しているのだが、今回の入院で学んだことを書き込み次号で報告したいと思っている。

左耳の聴力も半分ほどは回復したとのこと。安心・安全・信頼の社会へ戻れそうだ。

（初出：『公評』二〇一〇年九月号所収）

100人の村に、たった一人の大学生

はじめに

この広い世界で、出会うということ

いま、沖縄本島南部の街、南風原町のマンションの一室で、この文章を書いている。二〇〇九年三月の上旬の夜。久しぶりの雨が降り、周囲の緑が潤って美しい。

まもなく、沖縄大学の卒業式があり、そして四月には入学式が行われる。

その時に出会うであろう、ひとりひとりの顔を思い浮かべながらペンを走らせている。現在、この地球上には六八億人を超える人々が住んでいる。誰がどこに生まれるか、全く予想することが出来ない。その中で、たまたま、アジアに生まれ、そして今、沖縄に住み、沖縄大学に通うことになるというのは、さまざまな偶然と必然が重なり合ってのことである。

少し時代が違って生まれていれば会うチャンスがなかったはずだし、全国に何百とある大学で、沖縄大学を選んだというのも、奇蹟に近い。

その一回性を大事にしたい。

同じ時代に、同じ場で、しかも同じ大学で出会い、学び合う仲間として共に語り合えるという幸運をかみしめたい。

なぜなら、現代の世界の中で、大学で学べるという若者は、ほんのひとにぎりしかいないという重い現実があるからだ。

『世界がもし１００人のむらだったら』の中に、次の一節がある。

「１００人のうち六人が全世界の富の五九％を所有し、その六人ともがアメリカ国籍です。１００人のうち八〇人は標準以下の居住環境に住み、七〇人は文字が読めません。五〇人は栄養失調に苦しみ、一人が瀕死の状態にあります。一人は（そう、たったの一人）は、大学の教育を受け、そしてたった一人だけがコンピューターを所有しています。」

この文章は、地球上にいる六八億人を１００人に縮小して考えてみるという内容でまとめられたものだが、世界中の人のうち一％の人だけが大学に行っているという事実を示している。

日本では、大多数の若者が大学へ行っているように見えるが、地球規模で考えると、わずか一％なのである。

その一人が君であり、ぼくらであるという認識をもっていたい。

その幸運とチャンスをどのように生かしたらよいのか。それが、ぼくらの前提としてある。しかも二〇代の若者は、人生の中で、もっとも多感で、可能性に満ちた時間を生きているのである。

また、もっとも貪欲に学べる年代でもある。そうした君たちと出会っているぼくにとっても、今はとても貴重な時間だと思っている。

大学に入学したときの記憶

横浜の小さな農村地帯の高校生であったぼくは、父が中学二年の時に結核で入院し、長期間の加療をしていたこともあり、高校を卒業したら、就職するつもりで公務員試験を受けた。その結果、県立工業高校の事務職員として採用されることも決まり、そのことを父に伝えると、父は「お前にその気があるなら、国立大学の教員養成学部を受けてみないか」というのだ。

父は、幼いときに母を亡くし、十代で父も失い。親戚の家で育った。勉強の好きな父は、月謝も安い師範学校へ入りたいと思い、受験したが、近眼であったため不合格となってしまった。

小学校の教員になりたかった父の夢は挫折し、父は生涯、技術者として生き、僕らを育ててくれていた。

しかし、教師への夢は消えていなかったのだ。その真剣な父の表情から、ぼくは、地元にある横浜国立大学を受験するのだが、運良く合格をし、教師を目指す全国の仲間と共に学ぶことになったのである。

大学では、いろいろなアクシデントにみまわれたが、大学の講義は実に新鮮であった。特に高校にはなかった「哲学」「心理学」「教育学」そして「現代文学」は面白かった。

哲学は、人間、如何に生きるべきかを学ぶ学問。ソクラテス、プラトンからサルトル、ベルグソンと進んでいくと、世界をどう見ることができるのかによって、生き方もガラリと変わってくる。それが面白く、新鮮であった。ユング、マズロー、ロジャーズ、エリクソンと進んでいく人間論は、自分でも気づかなかった人間の心の不思議さに驚かされた。

さらには「教育学」。教育学にも、教育哲学、教育史、教育社会学、教育行政学、そして教育課程論、カウンセリング論など幅広く、ルソーの『エミール』からペスタロッチ、コメニウス、デューイと変化していく学びの方法論には心が躍った。

そして「現代文学」では、ぼくにとって未知の作家について、また作家論などが展開され、すすめられて太宰治を読み始め、すっかりのめりこみ、ついには太宰の全集を読み、それだけではすまずに、その文章をノートに書き移すことになる。

同様にのめり込んだのはルソーで、「エミール」から「告白」「人間不平等起源論」「社会契約論」と、読むたびに、その広さと深さに感動していくことになった。

それらは、まとめてみると〈思想〉ということだった。

目の前の暮らし、現実をどう見つめ、考えていくか、思想とは、暮らしを哲学していくことであった。

大学時代に、ぼくは目を開かれた思いで、ノートを書くことにした。日記も書いた。書いていると、気づかなかったことが見えてきたり、発見があり、書くのが楽しかった。書くことは、生活を見つめること、自分を見つめることであった。間違いなく、大学は、ぼくにとって学びの世界を拡げてくれるところであった。

教育が時代をつくる

小さな田舎町で育った少年の目には、大学が世界とつながる通路に思えた。今まで見えなかった社会に開かれた大きな大きな窓であった。

大学に入学してすぐ、日米安全保障条約（日米安保条約）の改定という時期にぶつかり、学生たちは、反対のための集会や反対行動を始めることになった。学生集会もデモも初めての体験であった。時は一九六〇年。戦争から一五年目のことである。大学の講義はボイコットされ、学生集会が呼びかけられ、日米の軍事同盟に反対する発言が続く。

学習会や読書会が開かれ、マルクスやレーニン、毛沢東の本がテキストになった。中国人である毛沢東はなじみやすく、ぼくは『実践論・矛盾論』が面白かった。

その中で、額に汗して働く者がもっとも大事にされなければならないこと。戦争は、多くの犠牲を伴うので、絶対にやってはならないことを、当然のこととしてぼくらは学んだ。集会は、連日、東京の国会前、日比谷公園で行われ、電車にのってみんなで上京した。何万人という人の集まりの中で、時代は変わる、民主主義の時代はくると、ぼくも信じて、デモ行動に参加していた。そして、一九六〇年六月一五日。この日、東大一年生の、樺美智子さんが機動隊の暴力で殺された。ぼくも靴を一足なくし、万年筆を落としてしまった。片足裸足になって、デモ行進をしながら、この夜、自然承認されてしまった安保条約の重さをかみしめ国会前の路上で、ぼくも泣いた。これからの日本はどうなるのかと不安でならなかった。あの日、ぼくは一八歳であった。

日本中が、日米軍事同盟にも戦争にも反対しているとぼくらは確信していた。しかし、日米安保条約は批准され、市民の意見は否定されてしまった。広島、長崎の原爆投下、東京の大空襲、そして沖縄の地上戦を体験した人たちにとって、再び軍事国家となっていくことは耐えられないことであった。

資本主義社会は、利潤を追求せざるをえず、戦争や失業をくり返すことになり、一部の富裕層のために働く人々は利用されているだけだという論理も、社会主義社会にならなければ、真の平和と平等もこないということも、こうした体験の中で学ぶことになった。しかし、市民も学生も破れた。挫折感は大きく、その後、大学を去っていく者も多かった。そして自殺していく仲間すらいた。

どうしたらよいのか、ぼくらは必死に考え、悩んだ。

その結果、僕らがつかんだのは、次の世代である子どもたちに真実を伝えていくということであった。教育を学ぶぼくらは、小中学校の教師になって、子どもと親と関わり、時代を変えていく教師になること、それが、僕らの目標となった。

横浜国立大学の教育学科は一学年一〇名。四年までの全学生で約八〇名。その仲間で研究誌『EDUCA』（エデュカ）を編集、刊行することになった。ぼくが二年生になった時である。学生一人ひとりが文章を書き、自分の考えを述べ、それをガリ版で書き、印刷をした。全て手づくりで、全員のアンケートもとった。教員へのインタビューも載せ、毎号特集を組んだ。討論会や学習会も開き、その内容もまとめた。

今も、その頃の雑誌が手元にあるが、学生の熱気が伝わってなつかしい。

その一方で、サークル活動も始まり、ぼくらは、児童文化サークル「伸びる芽」を結成した。全国各地の小中学校を訪ね、訪問記録を書き、児童文学や、童謡、児童画、児童詩などについての論文も書いた。

全て自主的な活動であった。大学祭では、たくさんの児童書を並べ、児童文学の歴史年表を貼ったりした。また、児童文学者を講師に呼んで、座談会もよくやった。鳥越信さんや上笙一郎さんも呼んだし、早稲田大学の少年文学研究会を訪ねたりもした。

群馬県の島小学校（斎藤喜博校長）の実践や広島の三原小学校（自主協働学習）、さらには神奈川県の奈良小学校（林進治校長）の「一読総合法」の公開研究会にも足を運んだ。生活綴方運動を学ぶため「日本作文の会」の大会や、児童詩の会の全国大会にも出かけた。そして、阿部進、無着成恭、国分一太郎。金沢嘉市、戸塚廉、東井義雄、遠藤豊吉といった教師や教育活動家にも直接お会いした。

そして、日本を変えるのは教育からだと考え、教師になることをぼくらは目指した。全国の教育系学生のゼミナールも年一回開かれており、ぼくらも毎年、参加した。東京学芸大学や、広島大学など熱心な学生たちとの交流も楽しかった。

そして、夜は、横浜市内の小学校の警備員として校舎の夜回りのアルバイトをしていた。本当に充実した夢のような四年間であった。

学校の方法論、その原型

当時の横浜国立大学には、七人の専任教員がいた。それぞれに専門は異なっており、考え方も違っていたが。それが面白かった。

隣の研究室は心理学科で、仲がよかった。当時、間宮武という性心理学、思春期心理学で高名な教授もおり、心理と教育の交流が盛んであった。

一年生の時は担任が、ロジャースカウンセリングの第一人者であった伊東博先生であった。カール・ロジャースの翻訳家として有名で、講義もユニークであった。全て、学生の質問に答える形で進め、質問がないと九〇分何もしゃべらないで過ごしていた。

ぼくがゼミに入った伊藤忠彦先生は、日教組の講師をつとめていた先生で、この先生につくと、就職はできない（教師には採用されない）といわれていた。ぼくは伊藤先生の講義が興味深くてゼミ生となったが、その学年ではぼくひとりであった。

そのため、ゼミはいつも近くの喫茶店で先生と二人でのおしゃべりとなった。その後講義がないと先生は「家へ来るか」といって自宅へ一緒に行き、講義の後は、いつもご家族と一緒に食事もした。

伊藤先生は、よく新しく出版された本を、ぼくに手渡して来週までに読んで内容を教えてくれといわれた。

忙しくてなかなか読めないから要約してくれというのだが、ぼくは夢中で読んでレポートをつくり、次のゼミで報告した。

すると先生は「ホォーなかなかおもしろそうだな、じゃ読んでみよう」といわれる。こうして毎日手渡された本は、教育だけに限らず、経済、法律、文学、哲学、文化論と幅広く、おかげでぼくはたくさんの本を読み、またまとめる機会を与えられた。

これは、今から思うと、ぼくにとっては、学びの一つの原型になったなと思える。時には、ぼくも時間がなく、なかなか読めない時もあり、そういう時は、本をいかに早く、しかも大事なところを抜かさず読むかを考え、自分なりの速読法をつくりだした。それは今も生きており、一時間で一冊の本を読んで内容を話せと言われてもできるようになっている。また、伊藤先生は、研究会があると、ぼくを鞄持ちにして一緒に学会等にも連れ出して行ってくれた。

そうした研究会や学会で出会った方々と、おつき合いが始まったことも多い。伊藤先生は、「現代子どもセンター」の理事で、毎月会合を開いていたが、そこには早川元二（心理学者）、手塚治虫（漫画家）、寺山修司（詩人）、野末陳平（中国文学者）、秋山ちえ子（評論家）、阿部進（教師）、佐野美津男（児童文学者）、持田栄一（教育学者）などもいて、ドンドンと世界は拡がった。

そして、先生はいつも「次は君たちの時代だ。今、やっていること、学んでいることを無駄にするな。必ず役立つときがくる」といわれていた。

その伊藤忠彦先生は、五六歳という若さで亡くなられた。亡くなった後、奥様から先生の愛用していたモンブランの万年筆をいただいた。

今も、ぼくはモンブランを使っている。原稿はいつも先生と一緒に書いているという気分だ。

そして、先生のお宅を新築する時、先生の蔵書を全て奥様がぼくに寄贈してくださった。段ボールに一〇〇箱近かったが、その本は、全て、ぼくの家に書庫をつくり納めてある。伊藤先生の蔵書を読むと、先生の書き込みやアンダーラインがある。それを見ながら読書するのも楽しみであった。

もう一つは、調べる時には、必ず現場に行け、現地に行け、そして、その人に会えとも教えられた。

行ってみたい、会いたいと思った人には、必ず手紙を書き、そして、ぼくは訪ねることにしているが、その原型も大学時代につくられたと思う。

ぼくの卒業論文は「大衆児童文学論」だが、この内容は、大正から昭和にかけて子どもたちに読まれた『少年倶楽部』を分析することであった。毎週ぼくは出版元の講談社に通い、図書室で創刊号から廃刊号まで全てを読み、付録のつけ方から執筆者、内容まで、丁寧に調べあげて、原稿用紙三〇〇枚を越える論文となった。

この時の論文を出版しようと伊藤先生は言ってくれたのだが、その後、大学は火災にあい、卒業論文も成績証明も全て消失してしまい、ぼくの卒論は、幻の卒論になってしまった。

新米教師の四年半

ぼくは、大学では、中学、高校の国語の免許を取得した。どの教科の免許を取るかで悩み、二年生の時は英語を取った。英語は苦手だったので、がんばるつもりでやったのだが、好きな教科かと言われると、なかなか好きにはなれなかった。

そこで、三年生の時には社会科にしようと考え、政治、経済、社会、法律、倫理などに切り替え集中した。

とても興味深く、この時に社会調査法でアルバイトをしている小学校教師の調査をまとめ、山室周平先生から評価されうれしかったのをよく覚えている。

しかし、本当に好きなものは何かといわれたら文学や国語で四年間には国語を専攻し、教育実習も附属中学で国語を担当し、結局は免許は国語となったという経緯がある。したがって修得単位は一七四単位と記録されている。しかし、実際に採用されたのは横浜市内の小学校教員としてであった。小学校助教諭免状が発行され玉川大学の教育学部の通信教育を受講し、スクーリングも通い、玉川大学で免許を取得している。

教師になってすぐ、新卒の教節たちで「新米教師の会」をつくり、毎週土曜日の夕方から横浜のカトレアという喫茶店に集まり、それぞれが実践報告や自分なりのテーマをまとめてもち寄り研究会を始めた。この中には一年先輩であった奥地圭子さん（東京シューレ、不登校新聞社主催）もいた。

ぼくは、毎回『ドキュメンタリー教育論』を書いて持って行った。

お互い、実践の上で悩んだり、ぶつかった問題を提出し、みんなで語り合う中で解決していく、この研究会は有効だった。

一年後からは横浜と神奈川で、教育運動サークルをつくった。

横浜教育問題研究会は「ドン」と名付け、市内の若手教員の研究会。そして、県内は「タックル」と名付け、教員組合活動も熱心に行った。タックルでは、いつも「経済白書」の読み合わせから始めた。経済学の専門家に来てもらい、日本の経済の現状について聞き、経済白書のレポートをぼくらがやりながら教育との関係を分析していった。

ガリ版刷りの研究運動誌でも、市販されている月刊雑誌にも負けないものを書こうと、内容も鋭く、分析も深かった。

この中には、村田栄一さん（後に教育評論家）や、武藤啓司さん（楠の木学園長）もおり、年に数回行われた合宿では、夜を徹しての討論会も行われた。

こうして、小学校教員を続けながら、文部省中心の日本の教育のおかしさにぼくは気づいていった。

本当に伝えたいことが伝えられない教育現場、困っている家庭、貧しい家庭の子どもたちに充分な援助が行えていないシステム、そして勤労評定によって縛られる教師。

この中で必死にがんばったけれど、ぼくは、もう一度、原点に戻って、自分がどう生きたらよいのかを考えたいと思った。

そして、四年半の教師生活に終止符を打ち、教師をやめたのだった。

自分を探す旅、出会いの旅

今日は、三月十一日(木)。沖縄大学の四七回目（二〇〇八年度）の卒業式の日。今年の会場は、那覇市市民会館。正装した卒業生の中にこども文化学科の一、二年生も先輩を見送るために来ている。椅子に腰をおろし、卒業生の名前を聞きながら、いろいろな思いが頭をかすめていく。今年は西村渚さんが答辞（国際コミュニケーション学科）。西村さんは教員免許をとるため、教育実習にうち込んでいた体験を語り出す。

つらくて、何度もやめようと思ったこと、友人と一緒に合宿で見たオリオン座の星々。星は一つ一つだが、みなつながってオリオン座になっていると感じたこと。

そして、卒業して、みな別々の世界で暮らしていても、同じこの空の下で暮らしているんだ、空はつながっているんだってわかるから、一緒にがんばれると思う。そして、卒業式を迎えられたこの日まで、支えてくれた仲間たち、教師、事務の方々、家族にこころから感謝をしたいと聞いた時、涙がボロボロこぼれてしまった。大学に入学できる人は地球上で一％、そして卒業できる人は、もっと少ない。

さまざまな理由で大学をやめた人もいる。来られなかった人もいる。そう思うと、この感激は尚一層大きくなってくる。

ぼくは、教師をやめた後、リュック一つを背負って日本一周の旅に出た。もういちど、自分とは何か、何がしたいのかを探し出すための旅となった。この時、二六歳。

この時の放浪の旅は、北海道から沖縄まで四年にわたる。

そしてぼくは、人生とは〈旅〉だと気づくことになった。

どこに暮らしていても、生きていること、そのものが〈旅〉だったのだとわかった。動いていても、動かなくても、人は誰かと出会い、そして一緒に行動し、また別れる。

出会いと別れをくり返しつつ人は日常を生きていく。

だからこそ、一回一回の出会いは、大切なのであり、その一つ一つの出会いの中で精一杯生きていくしかない。そのつみ重ねが人生というものだとぼくは気づかされたのだった。

そして、ぼくは三〇歳の時、横浜市の職員となり、寿生活館という相談所で、地域のソーシャルワーカーとして一〇年。

さらに、児童相談所で一〇年、その後、四九歳で横浜市立大学の教員になった。（横浜市立大学での記録は『出会いと別れの風景』新宿書房に詳しい）

沖縄大学の教員としての学び

ぼくが、沖縄大学の教員として赴任したのは二〇〇二年。

最初の半年間は、非常勤講師として、月、火、水の三日間。

あとの半分は、横浜市立大学の教員として、人間学科と大学院で木、金、土の三日間。

こうして毎週、横浜と沖縄を往復し、一四コマを担当していた。正式に沖縄大学の教員になったのは二〇〇二年一〇月一日。

福祉文化学科の教員となり、それから二〇〇七年三月までの四年半、学生たちと県内の福祉を学び、福祉実習を担当。忘れがたい経験がたくさんある。

　そして、二〇〇七年四月から「こども文化学科」が開設されることになり、「こども論」に本格的に関わることになった。

　日本においても、また世界的にも「こども論」または「こども文化論」は、まだ、ほとんど体系立った研究がされていない分野である。それだけに、現実の子どもたちの暮らしを観察し、分析する中からつくり出さなければならない課題がたくさんある。いわば、「こどもの思想」が生まれてくるかどうかという時期に「こども文化学科」は生まれた。

　したがって、ぼくも、本格的に「子ども」について学び、考えたいと思っている。

　この二年間は、その試行錯誤の中で、学生諸君と一緒に考えてきたところだ。

　その方法論としては、ひとりひとりの子ども時代をふり返り、掘り起こしてみることを通して、その共通性と違いをつかむこと。したがって「こども論」では、自分史の中の子ども時代をまとめる作業をしてもらっている。

　その上で、身近な人の子ども時代のインタビューを行い、より深く、子ども体験を探っていくこと。

　これらは研究のための基礎作業で、こうした観察をつみ重ねることで全体像が見えてくる。

　しかし、長い時間がかかると思う。そのための研究方法も必要になるが、それはフィールドワークといわれる分野である。大学では「子どもフィールドワーク」を講義して行いたいがまだやれる人は少ない。

また、こどもたちを支えていく支援の方法としては「子どもソーシャルワーク」が考えられるが、これもまだ確立していない。

いわば「子ども学」はまだ未確立の学問分野といえる。

ぼくに残された時間の中で、少しでも、この分野に足を踏み入れてみたいと考えているが、多くの講義を受講しなければならない学生諸君には、きびしい要求かもしれない。

今回は、「子ども論」について、まとめたものは書けないが、もう少ししたら、ぼくなりの「子ども論」をまとめてみたい。

ぼくの大学時代の恩師、伊藤忠彦先生は「現代子どもセンター」をつくり、「子ども論」についての布陣をつくり、阿部進、佐野美津男、野上暁、斎藤次郎といった人々によって「現代っ子」のイメージはつくったのだが、現在ではもう少し社会や、時代、地域文化との関係をも含めた「子ども論」が求められている。その意味では、沖縄の離島の子どもたちの生態を生き生きと記録したドキュメント、観察記録が求められていると思う。

または、子ども会や、児童館、学童クラブ、保育園、小学校などでの行動観察も必要となってくる。

こうした分野での研究をしてみようと考える人がいれば、ぜひ究めてみたいと思っているところだ。

今年に入って南大東島、波照間島、宮古島、石垣島に行って、小学生、また先生方とも交流してきた。

四月からは那覇市教育委員会と沖縄大学が協力関係を結ぶことになっており、松川小学校との交流も本格化する。

新しい時代の学びの方法論を模索する活動と実践が始まるとうれしい。その一つが「沖縄子ども白書」の作成であり、「日本子どもを守る文化会議」の沖縄大会（二〇一〇年三月）である。

子どもフィールドワーク序説

最初に、こども文化学科で、学生諸君と取り組んでみたフィールドノートや観察記録の中から、いくつかを紹介したい。この方法論は、もう少し深めて、ぜひまとめたいと考えている。

自分なりの観察記録、記録ノート、フィールドノートを開発して、研究を進めて欲しいと思っている。以下に、現在ぼくが考えている「子ども論」の構想をメモしておく。参考にして下さい。

では、また講義で…。

資料1
子ども論（子ども研究方法論Ⅰ）
子ども研究の方法論

1　自分自身の固有の子ども体験を記録する。
・子ども時代の具体的な記憶を記録する。
2　他者（自分以外の人）の子ども体験の記録。
・インタビューによる記録の作成
3　現代の子どもの暮らしを観察し記録する。
・身近な子どもの側面（遊び、行動、言葉）を記録する。
4　子どもに関する新聞記事、テレビ報道、文献などの収集を通して、子どもの実態を明らかにする。（文献研究）
5　アンケート、実態調査などにより子どもの実態を明らかにする。（調査研究）
「子ども論」では1～3までを研究対象とし、レポートを作成する。
「子ども研究レポート」の提出↓発表まとめ
このレポートでは、具体的な記録をもとに、何がそこから読み取れるかを考え、書き込むことで「子ども論」を作成する。

今後の展開

子ども研究Ⅱ↓子どもの姿を社会関係の中で読み解く（「子どもの生活文化Ⅰ・Ⅱ」「子どもと文化」）
子ども研究Ⅲ↓現代の子どもを、さまざまな視点から観察、記録し、レポートを作成する。（「専門演習Ⅰ・Ⅱ）子ども白書作成、卒業論文
子ども研究Ⅳ↓子どもの実態を調査し、その対策を作成する。（大学院「児童政策研究」）

資料2

【参考文献】

『世界がもし100人の村だったら』マガジンハウス
『出会いと別れの原風景』野本三吉著、新宿書房
『子ども観の戦後史』、野本三吉著、現代書館
『近代日本児童生活史序説』、野本三吉著、社会評論社
『子どものいる風景』、野本三吉著、国土社
『子どものエスノグラフィー入門』、柴山真琴著、新曜社

資料3

【実践資料】子どもフィールドワーク

「子ども論」「子どもと生活文化」「子どもと文化」の講義の中で、たくさんのレポートを学生諸君にはしてもらった。その中のいくつかを紹介する。

・大学内を歩き、観察してもらう「沖大探検」から二つ
・街に出て、子どもを観察したメモが二つ
・そして子どもの頃のインタビュー…十人にも聞いてしまったとは！
・家から沖大までのマップづくり。
・私の食生活。

・子どもの「願いごと悩みごと」
　後半は、マインドマップを作成。
・子どもの頃、夢中になったもの、場所、たのしかった人、そして自分自身
　この頃になると、学生諸君のフィールドワークは、自分の外にも内にも見事なほどに拡がっていくようになった。
　ラストは、ゲストをお呼びした。
・那覇市青少年問題協議会の鳩間用吉さん。
・那覇市立松川小学校の玉城きみ子先生と子ども支援チームの松竹勤子さんのお話をまとめたもの。
　フィールドワークは、現場に足を運び、記録し、その中からさまざまな発見をする作業。さあ、今年はどんなことがはじまるだろうか…。

（沖縄大学人文学部こども文化学科二〇〇九年度講義案内）

生活の思想・野本三吉という生き方

——沖縄大学最終講義（二〇一四年二月二十五日）

司会・横山正見　改めまして皆さんこんばんは。時間になりましたので、これから加藤彰彦先生の最終講義を始めたいと思います。最終とか最後というのはちょっと寂しいんですけれども、いい時間にしていきたいと思います。私は福祉文化学科と大学院のゼミで加藤先生にお世話になりました、横山と申します。本日はどうぞよろしくお願いします。準備している間にも懐かしい方・いろんな方にお会いして、今日もそれぞれの方にとっての加藤ゼミの続きなのかなと思っています。

みなさんもご存じのことかと思いますが、加藤先生は体調を崩されましてこの三月で沖縄大学を退職されることになりました。そして最後に加藤先生のお話を聞こうと言うことで、こども文化学科の先生方、宮城能彦先生を中心にゼミ生の方、またいろんな方の協力を頂きまして今日の集まりとなりました。また今日は聴覚に障がいのある方にもこの講義を伝えたいと言うことでノートテイクも行っております。ノートテイカーのみなさんどうぞよろしくお願いします。

私から簡単に加藤先生のプロフィールを紹介させていただきます。加藤先生は一九四一年東京出身、横浜で育ちまして横浜国立大学卒業後、小学校の教員・全国の旅・横浜のスラム街寿町のソーシャルワーカー・児童相談所のケースワーカー・横浜市立大学の教員を経て、二〇〇一年に沖縄大学に来られました。そして二〇一〇年より沖縄大学の学長として学内・学外を問わず多方面で活躍をされて来られました。また著書もたくさんございます。先生の印象的な言葉を僕から一つだけ紹介すると「生きること、それが僕の仕事」です。今日は先生という仕事、これまで生きてきた歴史を皆さんと一緒に伺えるのかなと思っています。こんなことを話そうかと思っていたら、卒業生の渡嘉敷哲君と三枝菜美子さんが直筆で「生きること、それが僕の仕事」と書いて黒板に貼ってくださったんですね。不思議な偶然を感じています。今日の講義は「生活の思想・野本三吉的生き方」というタイトルで話していただきます。それでは加藤先生、どうぞよろしくお願いします。皆さん拍手をお願いします。

宇井純さんと比嘉政夫さんのこと

会場にたくさんの皆さんお越しいただきまして本当にありがとうございました。私ちょっと目が悪くなったものですからサングラスをしているんですけど、レジュメを読んだりするときは見えませんので外しますね。眩しいですけど皆さんの顔も見たいと思いますのでよろしくお願いします。

私は静かに大学を終わろうと思っていたものですからこういう事は考えていなかったんですけれども、こども文化学科の宮城先生を中心に学生諸君がご協力・準備いただいて今日の講義開催となりました。急なことでしたがたくさんの皆さんご参加くださってありがとうございます。感謝の気持ちでいっぱいです。まだご挨拶をしていない人もいらっしゃるんですが、ほとんどの方がどこかでお会いした方たちだと思います。久しぶりにお会いする方も多いものですから気持ちがいっぱいになっていますけれど、今日は少し自由に、ありのままの、いつもの自分でいきたいと思いますのでよろしくお願いします。今日レジュメを作ってみたんですが、脱線するかもしれません。自由にいきたいと思っているんですが、今日はいろんな分野の方々がお見えですので、講演会の後の交流会がお互いにどういう人なのか交流していただくチャンスになればいいなと、大きな期待をもっています。

レジュメの最初に「七十二年を振り返る」と書いたんですけど、いろいろ考えたんですが、よく生きてきたなあと思います。七十二歳って今は若いですよね。八十代・九十代でお元気で活躍なさっている方がたくさんいらっしゃるので、まだこれからだなと思うんですが、七十二年を振り返ってみるとものすごく長い。この間にいろんな人たちに出会ったということが大きいですね。それからいろんな出来事や場面に出会ってきた、いろんなことをやってきて七十二年経って今の自分になっている。それを感じます。

七十二という歳で沖縄大学のことを考えますと、七十二歳前後で亡くなられた先生方お二人の顔が浮かぶんですね。お一人は沖縄大学の宇井純（ういじゅん・環境学・一九三二―二〇〇六）先生です。宇井純先生は七十四歳で退官なさって七十四歳で亡くなりました。僕は先生がいるときにこちらに赴任しまして、学生諸君と一緒にゼミにも参加して、いつも近くの居酒屋に行って学生達と一緒に食事をしたりおしゃべりをしました。私も一人の学生としてゼミに参加させてもらったという記憶があって。先生は学生達と一緒にいるととてもうれしそうにされていて、先生はお酒飲んじゃいけないんですけど飲んじゃうんですよね。最後は足が立たなくなってみんなで送って行くということがよくあって、あれだけの公害問題の研究をなさっている先生が、学生といるとうれしそうだったのをついこないだのように思い出し、七十四歳という歳でお亡くなりになったのがとても残念ですが、先生のことが頭に浮かびます。

もう一人は比嘉政夫（ひがまさお・二〇〇九年逝去）先生です。比嘉政夫先生は琉球大学で民俗学・人類学をやってこられて、沖縄大学の地域研究所の所長として大変大きな活動をなさったんですが、やはり七十二歳でお亡くなりになられました。比嘉先生も早いなぁと。僕は民俗学の専門家ではないのですが、沖縄に来たら島を全部回りたいと思っていまして、忙しい合間でしたが四十五の島を約五年かけて回って「海と島の思想」（二〇〇七年・現代書館）という本を書いたんですね。先生は書評をしてあげると言ってこれを全部お読みになったようです。そして書評を地元紙に書いていただきまして、今でも本当に僕の宝です。専門家の先生が素人のような自分に色々歩いてきたフィールドワークのことやいろいろな話をしていただいたのがとても嬉しかったんですが、先生もお亡くなりになられました。しかし沖大にとってものすごく大事なものをたくさんお残しになって、比嘉先生も学生さんが大好きで一緒に語り合っているのがいつも楽しそうで、笑っていらっしゃる顔が印象的でした。このお二人が僕の中に残っている。

もうひとつ七十二ということで忘れられない亡くなった方は、田中正造という人なんですね。田中正造は僕より百年前、一八四一年に生まれて、私の誕生日は十一月三十日ですが田中正造は十一月三日。そして七十二歳で亡くなったんですね。寿町と言う日雇い労働者の街で相談員をしていた時に、国会議員を辞めて谷中村で村人と共に生きている姿を一行一行もったいないくらいにゆっくり読ませていただいた記憶があって。七十二ということで思い出すと、今三人の方をあげましたけれど、僕自身にとって命があるということはすごいなぁと思っています。何度も死にかけたことがありますので今ここでこうやってお話が出来る事はとても嬉しいことで、たぶん一度僕は死ぬんだろうなと思っています。つまり死ぬという事は、僕に今、今までの自分自身でない自分にもう一度生まれ変わると言うことが課せられているということ、新しく生き直すということかなという気持ちでいます。そんなことを考えながら今日は話したいと思います。

東京大空襲で亡くなった妹と死の体験

七十二を振り返りながら、細かいところまでは言えないと思いますが大雑把な人生を振り返ってみたいと思っているんですが、どなたでも自分の人生を振り返ると、ずっとなぞっていくとどっかにがさっ、がさっと大事なポイント、自分の原点になるような体験が必ずあるはずなんです。それが一体自分と、そしてこれからの人類の生き方とどうつながるかっていう大きな課題があると思うんですが、それをちょっといくつか見てみようかと思うんです。もう僕は暑くなっていますけど大丈夫ですか皆さん（上着を脱ぎながら）。僕の人生、最近の事はちょっと抜かすとして、自分の人生を振り返ってみると、まず一つ目はやっぱり乳幼児期ですね。これがとっても自分の中で大事だった。どんな時代にどこでどんな人たちと交わりながら生まれてきたのかということは、たぶんその人の運命を決めるような気がするんですね。

私は一九四一年東京の下町に生まれました。生まれてから一週間後十二月八日に戦争が始り、一九四五年の三月十日の東京大空襲、十二万人が亡くなるんですがあそこに僕ら家族はおりまして、あの集中放火の中で逃げ惑った家族の一人です。そして妹はこの戦争で亡くなります。まだ一歳にならなかった色白の小さな女の子ですが、この子は死にました。僕は三歳で生き残ったんですね。このことは何度も自分の中で人生を振り返って、いったいこのことは自分にとって何だったんだろうと。沖縄に来てキリスト教短期大学の学長をやっておられた金城重明（きんじょうしげあき）先生が牧師さんをやっておられるところにお話に行ったことがありまして、金城先生が渡嘉敷島での事件（沖縄戦での強制集団自決）の中で自分が親を殺さなければならなかったと、しかしそのことは長いこと言えなかったんだというお話をなさって、君はどうだったんだねと言われ、僕は妹のことを話し始めたんです。そしたら今まで感じたことのない、妹がもし生きていたら僕と三つぐらい違うわけで、一緒にいろんな話をしていたわけで、話をしないうちに死んでしまった、殺されてしまった辛さ・痛ましさ、僕自身ではなくて彼女自身がどんなにつらかったろうということが不意に浮かんできて、金城先生と話している時にボロボロ泣いたんですよね。声が出ちゃうぐらいに泣いたんです。そしたら金城先生は「加藤さんあなたは泣けていいなあ」と言うんです。「僕は泣けない。涙が出てこない」とおっしゃった。それほど辛い体験、言葉にできない泣けない体験、泣けないくらい辛い体験を自分はしてしまったということをおっしゃって、そしてキリスト者になっていったと言うお話をしていただいた時に、僕は妹の事を何度も何度も語ったり考えたりしてきたんですけれども、妹の人生と僕の人生は重なっていなかったという事を凄く感じたんです。なんで僕は生き残った、妹は死んだ。しかし僕は生き残った人間として何をすべきかということを、戦争というものを僕らはどう考えるのかと言うことを、数年前から真面目にちゃんと考えようと思っているんですね。戦争は人の命を削ったり殺したりしますが、肉体を殺すだけじゃなくてその人の文化・歴史、そしてひょっとすると言葉まで奪っていく。総合的に生き物を破壊するという大きなものを持っていて、もちろん都市を破壊したり文化を破壊したりする訳ですけれど、この時の体験はそうではない社会を作りたいと考える原点になっていると思っています。

もう少し成長して十八歳の時、一九六〇年でちょうど安保の時なんですが、その時私は横浜国立大学というところに入るんですけれど、私の父は師範学校に行きたかったんだけれど行けなかった、大学に行ったらいいよといわれて、父は結核で長いこと入院していましたので僕は大学に行くということができないなぁと思って、高校を出て就職するつもりで就職先も決まっていたんですね。だけど父が入院先までこいというので出かけていきまして父と会ったんです。外に出ようということで一緒に歩きまして、何かうまいものを一緒に食べようと言うんで、お金無いことを知ってますから、お蕎麦だったかラーメンだったか麺類を二人で食べて。そしたら父が「自分の夢は小学校の先生になる事だったんだ。よかったら国立大学に行って小学校の先生になってくれないか」と言うんですよ。いや僕はちょっと別のことをやろうかと思っていたんだけどなぁと言って笑いながら話して、そうしたら帰りがけに僕の足元を見て、昔はみんな靴なんておんぼろの穴だらけ。雨が降って水浸しになるとすぐぐちゃぐちゃになってしまうんですけれど、父が靴買ってやると言って靴屋に入るんですよ。お金無いことを知っていますから、どれかいちばんいいものを選べと言われるんですけれど、これが欲しいと言って一番安い白いズック靴を選んでいました。それを出してもらって新聞紙に包んで貰ったんですけれど、父は店を出たらすぐに履けというんですよ。僕は履いたんですけれど、真っ白で目にしみたのを今でも覚えています。病院まで父を送って、感染するから中には入れずに帰ってきたんですけれど、その時教師になろうかなって思って、横浜国立大学を受けて運良く受かって、その後教員になるんです。

高校時代から柔道をやっていて大学に入った直後に僕は柔道部に入っていたんですけれど、その練習で間違って投げられちゃったときに後頭部をしたたかに打ちまして救急車で病院に運ばれるんですね。そして病院では僕は意識不明だと思われていますけれど、体は全部ダメなんですけれど耳だけが聞こえるんですよ。医者が話していたり母が呼ばれてきて、先輩たちが連れてきた病院で話しているのもよく聞こえるんですが、もうだめだろうと医者は言っているんですね。今晩が峠ですから助からないかもしれないという話があって。

僕が人生の中で自覚的に死の体験を持ったのは、自分が死ぬなと思ったのはこの時が初めてです。死ぬと。その時に生きたいなぁと思った。だって十八だからねぇ。これからいろんなことがあるのに、なんでここで死んじゃうんだろうと思って涙がボロボロボロボロ出ました。よく覚えています。涙が両耳に入っていくんですけど、自分は死ぬという人間なんですけれど、これ中耳炎になるかなーと思ってよく覚えているのそれ（会場笑）。それで医者が注射を打ってくれて、意識をなくすんですけど僕は助かったんですね。脳内出血の疑いだったんですけれども奇跡的に助かって、一ヶ月ぐらい入院したと思うんですが、その時に生きるとは何か、死ぬとは何かということを一生懸命考えました。

十八歳の頭ですから単純でシンプルすぎると思いますけれど、僕の考えた単純な生きる死ぬの違い、生きてる事と死ぬ事の決定的な違いは何かと。生きてるためには絶対しなきゃならないことがある。ものを食べること、水を飲む空気を吸う、食べるだけでは生きられなくて、必ずたまるもんですから排泄をする。食べることと排泄をするということが出来たら人間は生きられるという、生きてるという。これが止まったら生きられなくなると思ったんですね。毎日毎日そのことを考えてリハビリをやっていました。

食べるということはどういうことなのか、自分以外の存在を自分の中に取り入れるんですね。そうすると自分になっちゃうんですよ。りんごでも食べていくと自分の肉になり骨になり血液になる、自分になっちゃうんですね。これは自分そのものに吸収をすること。食べることだけじゃなくて誰かと会って話を聞いたり、見たり聞いたりすること体験すること、みんな肉になるということですね。それが吸収。もうひとつ排泄って何だろうと、いろんないらなくなったものを出しちゃうことだと考えていたんですが、そうじゃなくて、表現じゃないかと。自分の中に取り入れたものが、例えば嬉しい事があったときには笑う、これは表現ですよね。悲しい事があった時に涙を流して怒ったりする、これが表現。こういうことの一つとして排泄がある。排泄なんだけれどもそれは自分の表現ではないかと思った。そうすると吸収することと表現すること、これが循環よく存在する時自分は生きていられると。

これが止まってしまう、話を聞いてはいけない・食べてはいけない、途中で止められちゃう・吸収できない、表現しようと何か話そうとも歌を歌おうとするとそれができない、あってはならないといわれると表現できないわけですね。これは死ぬことになる。生き物としての人間は、何か知りたいこと・体験したいことができなくなってきたり、自分が表現したいことが表現できなくなった時死に近づくと言うか、死ぬほうに行ってしまうという事を考えたんですけれど、これは人間関係で言えば今日の大きなテーマになっちゃうんですけれど、人と出会った時にその人とどういう交流をするかという、その人が表現したことは自分の中に吸収されていく、自分が表現したことが相手に入っていくと言う循環になりますね。これは逆になってもいいんですけれども。そういうことが実は生きてるということなんだってその時に思いました。つまり生きてるという事は他者との循環、他の植物や動物を含めての循環の関係性。関係性そのものが生きていること自体なんだと実感したんですね。

その時今まで自分は親と学校によって作られていると感じました。やっぱりいい親なんですよ。とてもいい両親いい家庭だったんですけれど親によって自分は作られてきた、その相互関係ですから、こうしかない。学校の中でいい子になれって言われているもんですからずーっと高校まで、あるいは大学に入ってからもいい子でいる、作られてきた自分があった。違うんじゃないかなぁと、自分の中にもっと違うものがあるんじゃないか、もっと広いところで自分をもう一回見てみたいなぁと思いまして、それで家出の試みと言うことになるんですが、家を飛び出しました。アパート暮らしを始めるということですね。

それから名前も変えようと思いまして親から貰った加藤彰彦という名前はとってもいい名前なんですけれど、名前を作ろうと思って。名前のいわれは省きますが野本三吉とつけたんですよ(大倉直著「命の旅人」に詳しい)。三吉と言うのは本当に牧歌的で泥臭い。野本というのは何かの「もと」という思いでいろんな人の名前をとって付けたんですけれども、野本三吉と言う名前で書いたら自由に書けるんですよ。加藤彰彦と分かっちゃうとあの人がこんなことを言うのはおかしいなぁとか、こういうはずだという作られたレッテルの中で自分が生きていくわけですが、それが外れますと自由に書ける。誰だかわからないですから本音で書く。そして「野本三吉って変だけど面白いなあいつ、俺よくわかるよ」とかいう話を聞くと「しめしめ」と。これは学内の同人雑誌とか研究誌なんかにも、ペンネームで書き始めたことが今まで続いているんです。

一九七〇年代——放浪の旅に出る

「野本三吉的生き方」というのが今日の講義のサブタイトルなんですが、私が寿のドヤ街にいて寿生活館の生活指導員やっている時と児童相談所にいたときに、和光大学と言う大学で非常勤講師をしないかと言うお話があって、土曜日の午後だったらできるんですけどと言ったらそれでいいですよということで、週一遍土曜日の午後、夜に近いんですけれど何でもいいから好きなことをやってくれという不思議な授業を頼まれて行ったんです。その時の十年間にたくさんの学生さんたちと出会いましたけれど、その中の一人に大倉直くんと言う青年がいまして、彼は学生時代から世界中を旅行して歩く男でしたけれど、彼はルポライターになりまして、いい文章書きます。そして彼の息子さんは障がいを持って生まれてきたんですけれど、本当に悩みながらそこにきっちりと寄り添っている。すごいなぁと思っていたんですが、その彼が四年位前から「野本三吉と言うのはどうも不思議な男なんでちょっと追跡調査をしたい」と言うことで、毎年五月の連休に僕の所に来て、いろんな関係者の方たちにも会われて、六十人は会ってると思いますが、そして丁寧に聞き書きをしていただいて、四十代の彼が僕自身をこう見る、と書いてくれた本を今日に間に合わせて出版してくださって二～三日前に届いて、びっくりしたんですね。本のタイトル見ました？「命の旅人」と書いていただいたんですよ。そして「(副題に)野本三吉と言う生き方」と書いてあったんです。若い時僕は親からもらった人生を否定して新たな自分の生き方を作ろうと思って、野本三吉と言う名前を作って思いっきり自分の本音で書きまくってきたわけですね。生きまくって来たというところもあるんですが、今の自分はその両方が多分融合してますね。親には本当にありがたかったと思いますし、親の前の親たち、ずっと祖先の人たちがみんないなければ僕はいなかったと言うことも含めて大変ありがたいんですけれども、その両方が融合していると思います。僕にとって事故があったのが大きな原点といえると思います。

もうひとつは一九七〇年あたりなんですが、小学校の教員になるんですが楽しかったです。子どもたちと一緒にいると本当に楽しくて、なんでも一緒にやってました。日曜日も一緒に日曜学校なんかやってたりもう無茶苦茶ですけれどもね。一番つらかったのは成績をつけることでね、子どもたちに5・4・3・2・1という通信簿をつけるのがどうしても辛くてね。特に悪い成績をつけなければいけない子どもたちに、僕はできないと思いまして最終的には辞めることになります。そしてもう一回自分を見つめ直したい、あるいはどこかに理想的な場所があるんではないかと。理想的な村があるとか街があるんじゃないかと思って、それを尋ねて歩きたいと思って一九七〇年代に四年半ぐらい放浪の旅に出るんですね。そのときいろんな人と出会うことになるんですが、これも不思議な縁でその時僕自身がいろいろ書き散らしていたものをまとめていただいた方がいらっしゃって、松田健二さんと言う方なんですが僕と同じ年なんです。その方が当時ぺりかん社という出版社の編集部で、その方もやっぱり自立をしたいということで会社を飛び出して出版社を作ったんです。これが社会評論社という出版社で、その社会評論社の第一号で出版する予定の他の人の原稿が間に合わなくて、たまたま僕のを見つけてこの人を出そうということで出していただいたのが『不可視のコミューン』（一九七〇年）と言う、いまだ見えざるコミューン・共同体という。それ以来社会評論社とは長いお付き合いになっています。一緒の歳ですのでいろんなことで語り合うことも多いんですが、いままでにもたくさんの本を出してきていただいたんですが、今度僕辞めるよ、と言ったら、辞めるときはうちで出させてくれというんで、学長になってから本当に忙しくて全然やっていない書いてきていないよと言ったら、何かどこかに書いたものを少しずつ送れと言うからあちこちにちょっと書いたものを集めたり日記の一部とか卒業式の告辞とかをちょっと送ったんですね。いける、これでいくと言って、何と三月十三日の卒業式の日に間に合わせると。ありがたいなぁ、やっぱり長い付き合いの仲間って本当にわかってくれてるなぁと思って『生きること、それが僕の仕事』と言うタイトルにしてくれたんですね。ぴったりなんですこれが。僕は日本中を旅することになりますし松田さんにも出会うんですが、どこかに何かがあるに違いないと言って動いてきた僕自身は最終的にはどこにもないと言うことに気づく。理想的なものがどこかにあるかどうかではなくて、今自分が住んでいる所を理想的なものにしない限りどこにもないと言うことに気づかされました。良いところを探して行くと必ずそこに問題点はあるんですよ。普遍的にどこにでも、いいところと悪いところがある。だったら今自分が住んでいるところ、自分の家族・自分の住んでいる地域・自分の職場、そこから世の中は変わっていくんだと言う、これしかないということを骨身に染みて、放浪している間に感じるようになりますけどね。そう言う流れです。これが僕の中で大きな原点になる三つの体験ですね。

暮らしとか生活を考えるということを（レジュメに）書いたんですけれど、放浪の旅で最初に行ったところが北海道の牧場なんですね。それまで学校の先生をやっていたり、バイトでいろんな肉体労働もしましたけど、自然の中で仕事したいなぁとあこがれていて北海道か沖縄か、北か南かと思っていたら北海道に行って、根釧原野のところに大きな農場（別海町内）がありましてそれが今でも活動しているんですがヤマギシ会という、年配の方は知っているかもしれませんが、共同体運動をずっとやっていたところなんですね。そこで共同生活をしているというのでそこに行ってみようと思いまして、そこに入って牧場で働きます。

朝四時ぐらいから起きて牛追いやって馬に乗って。道産子馬は僕も乗れるんですよ。道産子馬は小さいですからね。ヨイショーッと言って走るでしょう。地平線のところに太陽が沈んだり登ってきたりするというのを見ながら走って、上半身裸でね。いつも背中にカメラをぶら下げていて後に写真集を作ったりするんですけど、とても楽しくてみるみる体が変わっていくんですね。僕はあまり筋肉質にならないタイプですけれど、やっぱり痩せていきますし力がついてくるということがあるし、ものを食べると言うことの大切さすごさ、食べることが生きることの原点だと言ったんですが、飢えると言うことに気づくんです。

この飢えるというのはもちろん食べることで、自分が食べたいと思ったときに何が食べたいかって自分の体が知ってる。これが食べたいって思うものが来ればいちばんいいわけですけれど、ないと一生懸命探したりする。身体そのものが求めている。食べ物以外で言うと何か知りたい知識があったり聞きたい音楽があったり会いたい人がいたり。自分の中にある飢えの感覚、これが欲しいなこういう人と会いたいなぁというものがあって、それと出会っていく、自分と外との関係ですね。飢えっていうのはものすごく大事なんだと言う。飢えがなくなって飽和状態になっていますと何もやる気がなくなってくるし、ぼけっとしちゃうんですよね。自分の中に求めているものがあった時に一生懸命それを探すし、こういうことは人間にとってものすごく大事で、肉体を持って僕らは生きていますので、肉体というものすごく大事だということを北海道の牧場の中でヒシヒシと感じていました。この肉体を離れてものを考えることができない、肉体を維持するということはものすごく大事な事なんだと言う事ですね。ですから頭の中だけでいろんな理想的なことを考えていてもそれはなかなか実現できないんだけれど、自分の身体そのものが欲しているもの、求めているもの、あるいは体全体が求めているもの、そこと合致したときに一つ一つのことができていくということをはっきりそこで教えていただいたというのが北海道の牧場での出来事ですね。

そして飢えの構造・肉体の発見というのはそういう意味なんですけれど。牧場に長くずっと入っていても、働いていてもいいんですけれど、僕はどうしても何年か経つと動いちゃう、定着したいと思っているのに。今回（沖縄での仕事を終えること）も申し訳ないと思っていますが、一生涯そこにいるというのがなかなかできないんですね、その後北海道を抜けて日本中をずっと回ってみたいと思って、その頃はまだ求めていたんですね。いろんなものを。いろんな知らないところに行ってみたいと思っていたもんですから。そこで青森からずっと沖縄まで流れてくることになるんですけれど、沖縄まで来て戻った後、三十代の時にたどり着いているのが横浜の寿町という日雇い労働者の街なんです。

横浜・寿町――日雇い労働者の街で

これは関西で言うと釜ヶ崎、東京は山谷と言うところでして、山谷・釜ヶ崎・寿町というのは日本の三大寄せ場といいますね。日雇い労働者の方たちが住んでいるところなんですが、日雇い労働者の人たちというのは朝職安に行って仕事を見つけ、そって一日の仕事をしてお金をもらって帰ってきて、泊まるところがドヤというところですね。小さな二畳一間・三畳一間の部屋なんですけれど、ドヤというのは隠語ですからひっくり返しますと「ヤド」ですね。普通は「宿屋」なんだけど宿屋なんて（粗末で）とても呼べないというのでドヤと言ってる訳ですけれど、そこに皆が泊まって日銭を稼いできて暮らすんですね。だからなかなか定着できないし生活も苦しい訳ですけれど、そのドヤ街で生活相談員の仕事をしないかと横浜市の私の先輩の先生からお話があって、なかなか普通の人では出来ない事だから君を待っていたから来いということで、三十の時に寿町に行きました。

私もドヤに部屋を借りてそこに生活をして。でないとわからないですからね。先ほど言いましたように田中正造という方が浮かんできたのはその時なんですけど、自分の家から通って職場で話を聞いて「大変ですねぇそうですかはいさようなら」と家に帰っておうちでゆっくりできるという事ではなかなか気持ちがわからない。一人で苦しんでいる方たちとか小さな部屋で子どもたちも一緒に暮らしているお母さんの悲しみとか、食事も取れないでいる人の夜中の暮らしが見えない。やっぱり夜も一緒にいたほうがいいなぁと思って、ぼくはドヤ街に一緒に泊まることになるんですね。朝起きるとすぐ職場にいって相談が始まって、夜になると僕はそこに戻る訳ですけれど、みんな知ってるもんですから夜中でもドンドンドン、「加藤さんいるー？ 加藤さんいるー？」と今でも覚えてるね（笑）。それで「ハラへった」とか「腹痛てぇんだよー加藤さん救急車呼んでくれよぅ」という話が日常的にあって、みんなと一緒に。

家族がある今はこんなことなかなか出来ないんですけど、信じられないと思いますけど、独身の時は給料袋はもう街の人に渡しちゃったんです。その中でリーダー的なお兄さんがいたんですね。そのお兄ちゃんに給料袋渡して、僕の食べる物も皆でやっといてくれよと。ドヤ賃も払ってくれるしみんなでそこで生活しているという、いくらあるかわからないですけど、最後の方にはなくなっちゃうんですよ。なくなっちゃったら「加藤さんどうする？」って言うから皆もう腹減ってるし食べさせたらあと三日間どうするかというんで、どこか盗みに行くかって言うから「いや俺は公務員だからなー」（会場笑）。そうすると中華街行こうって言うんです。中華街というのが横浜にありましてみんなで行きますと、横浜の中華街は素晴らしいですよ。ちゃんと余ったものを綺麗にして捨ててくれるんです。縄張りがありましてどこのお店は誰の、誰たちのグループって決まっているんですよ。もう何人か知っていてそこに行くんです。おまんじゅうの半分に切ったものとか魚の残っていたものとか、ちゃんと食べられるんです。それをバケツいっぱい持ってきて分け合ってみんなで食べるんです。こういう世界があるんだっていうことをその頃知らないからね。そういうこともできるし、泊まる所がないときは山下公園という海岸の公園に行って、そこで何人も泊まっているんですけどダンボール一緒に敷いて、そこで寝ながらいろんな話をする。いろんなことがわかってくる。その中で一緒に暮らしてみないとわからないことが沢山あったわけで、僕はこのとき田中正造という方の本をむさぼり読んでました。とってもよくわかった。

これはなんとかしなきゃいけないと思って、ドヤ街のときに「生活者」という個人通信を出し始めるんですけれど、相談員という仕事をしてるときに自分の生活だけが守られて、他の人たちが苦しんでいるというのが耐えられないんだよね。目の前に苦しんでいる人がいて「じゃさようなら明日また来るからね」って言えないんだよね。一緒に耐えるしかない、一緒に生活するしかない。その人たちを別の人たちとか対象者、自分が相談にのる人でこの人たちは対象者で相談にのられる人だとポンと二つに分けられるんですけれど、一緒の仲間だと思った時とか、あるいは自分と相手が一つに溶け合っている関係になってくると、どっちが自分だかわからなくなっちゃうんですね。相談しているときによくいろんな方が、大学の先生とか研究者とか訊ねてくるんですよ。寿町とか日雇い労働者の実態を調査したいと言う社会学者の方とか来てくださったんですけど、僕らが一緒に相談していると僕の方が町のおじさんに怒鳴られているんですよね。「お前何やってるんだよ。ンな、それでも男かよ」とか言って怒られて、ごめんなさいって僕がやっているとと「おたくが加藤さんですか」って日雇い労働者の方に聞いているんだよね（会場笑）。

そういう状況の中でどっちがどっちだかわからないですけど一緒になって変わっていこう、一緒になって作り上げようということで。寿町では冬になりますと仕事はありません。ちょうどものすごい構造不況になりまして、日雇いは全部産業予備軍ですから切り捨てられるんですね。仕事が無くなっちゃうんです。正規労働の人たち労働組合の人たちはちゃんと守られるんですけど非正規の人たちは完全に切られちゃうんですね。何にも仕事が無くなっちゃうんです。職安に三百人四百人が集まっても募集が一つか二つしかないんです。今まで五千円だった仕事が千円になっても誰か行くんです。

そのくらい酷い状況の中で暮らしていると、この中での暮らしをなんとかしなきゃいけないと言うことになって、僕は内側からのレポートを書こうと思って「生活者」という個人通信を出し始めます。これは僕の知り合いに送り始めて最初は五十部ぐらいだったんですけど、最後は八百になりました。もう送りきれなくなっちゃいました。「生活者」を出しはじめて少したった頃結婚しまして、今日来てくれてると思うんですけど、（会場の）どっかにいると思うんですけど、顔見ちゃうと恥ずかしくなりますから（会場笑）一緒に来てますけどね。一緒になって「生活者」を発送しようとすると一日二日で終わらないんですよ。四～五日、へたすると一週間ぐらい夜二人で一生懸命発送するのにかかっちゃうというほどで、減らさなきゃいけないと思うんですけど、この現実をどう変えるかということで街の人たちと一緒に労働組合を作るんです。日雇労働組合をつくるんですが、この時寿町だけ「日雇労働者組合」と「者」をつけました。なぜかというと一人の人間として扱ってもらおうというのが皆さんの意見で、お葬式もみんなでやるし食事もみんなで食べるし共同宿泊場を作ろうということで、ただ何かを要求していくということじゃなくて、一人の人間としての組合、みんなで支えていくための組合だということで、自分たちで会社を作ったり土地を手に入れて農業を始める人も出てくるような活動をその時にやっていました。

ドヤ街での越冬闘争というのは、冬になりますと食事は全然ないもんですから食べ物をとにかく集めなければならないですね。僕はいろんな知り合い、東北の知り合いの方などにお願いして米を送ってもらったり、さっきのヤマギシ会なんかは卵をいっぱい送ってくれて、三里塚の農民の人たちはたくさんお米を送ってくれました。みんなで炊き出しをして食べると言うこともやって、この時にともに苦しみを分かち合いながら共に生きていくと言うことが、生きていく上での実践かなと思いましてね。一緒に生きていくと。ともに耐え共に暮らす事、特に衣食住の問題をきちっとみんなで守っていこうということで。

この当時みんなが言ってたのは、いろんなビルディングを作るんですよ。町のおじさんたちがみんなビルを作る建設のベテランでしたからね。僕もよく手伝いに行って高いビルの上いくともう落ちるんじゃないかと思ってヒヤヒヤしているんだけど、おい下見るなぁと言って怒られながらやるんですけど、ビルが建ち上がるでしょう。立派なビルになるんですけど（完成したら）そこに入れないですよね。だからあるおじさんはそれが終わった後で「あのビルは俺たちの涙だよ」って言うんだよね。俺たちが一生懸命作ってわずかの涙金もらって仕事終わりになるんだけど、あそこに入れないと。入る人は全然自分たちが作ったことなんか知らないよと言って。ビルを見ると俺たちの涙だと思うっていう声に、本当に申し訳ないなぁというか。だから事実というか、日常の中でいろんなものが作られていきますけど、その背後の中で使い捨てられていく人たちというのを大事にしないと文化というのは絶対に繁栄しないというのをその中で教えてもらったと思いますね。

三十代で寿町でずっとやっていたんですけど、その寿町で日雇いのおじさんたちが子どもたちに襲われて殺されてしまうと言う、括弧付きの「浮浪者殺傷事件」というのが横浜で起こりまして、中学生たち、あるいはもうちょっと大きな子たちが、日雇い労働のおじさんたちがあぶれて路上で寝てたり公園のベンチでいるところを殴る蹴るやって肋骨を折ってしまう、亡くなった人が出たりする。当時の新聞は大変刺激的なニュースとして紙面に出すわけですけど、その子たちが捕まるんですけど、どういう子どもたちかというと、学校の中で排除された子たちなんですね。学校の中では自分たちの居場所がない子どもたちなんですよ。

英語なんかの授業の時に先生がさすとすると、彼らを抜かすんですよ。俺ここにいるよといっても、お前読めないんだからうしろよろしくという感じでしょう。学校に行きたくなくなっちゃうんですね。だから彼らは「教室の失業者だよ」って言うんだよね。それであぶれちゃって。でも先生に反抗しても退学させられちゃうだけですから、大人に反抗したいと思っていた。そのときに社会の中で落ちこぼれて惨めな生活をしている日雇い労働者のおじさんたちを、自分たちが大人の攻撃をするターゲットにして殴る蹴るをするわけですよね。そして一人の方が亡くなってしまうという大きな事件になってしまってどうするかということになりました。

少年たちが逮捕されて、この時ぼくがはっきりしていた事は寿町に住んでる少年少女、中学生もいるんですけど誰一人参加していないんですよ。僕はすぐにそれを断言したんですけれど、どこのマスメディアも取り上げてくれませんでした。絶対にないと思いますと言ったんですけれど。何故かと言うと、日雇いのおじさん達と本当に仲良しなんですよ。よく知ってるんですよ顔から何から。お酒飲んで倒れちゃってる通称クマさんって言うおじさんがいるんですけど、その人は子どもがいじめられたりすると飛んできて、酒臭い息を吐きながら「ダメだ、俺の孫だ、いじめちゃダメだっ」と言って子供たちを守ってくれるおじさんなんですね。知っているんですよ。その人を殴ったり蹴ったり殺したりする事はありえない。生活を共にしていたら敵ってうまれて来ないんですけれど、全然別のところに住んでいる街の子どもたちが教室であぶれちゃって、その不満をどこにぶつけていいかという時に日雇いのおじさんたちの中で仕事につけなかった方たちにエネルギーをぶつける、そうなったということですね。

この構造がよく見えてきたという感じがあって、共に暮らしている中から一緒に何かしようというのが当然出てくると思って、この寿町の中では子どもたちが食事もとっていませんでしたから子ども食堂を作る運動が始まっていったり、障がい者の人たちが障がい者同士で古着か何かをみんなで集めて売店を作っていく、それからアルコール中毒の人たちが集まって自分たちの自立のためのサークルが作られる、こういう運動がその中で始まるんですが、僕はその中で子どもたちと付き合いたいなぁと思いました。それで教室の中で失業している子ども達、どこにも行き場のない子どもたちと付き合いたいなと思いまして児童相談所に配置転換をお願いして、四十代は十年間児童相談所で仕事をすることになります。

ソーシャルワークの思想——児童相談所の体験から

子どもたちは本音で話せる人を求めているんだよね。だけどなかなか本音で話す場もチャンスも人もいなくて、はけ口がなくて苦しんでいるというのが実態だと思うんですけど、例えば子どもたちが集まる場所があるんですね。大概そういうお家はお父さんお母さん、両方かどっちか片方か夜仕事に行って居ないんですね。夜中そこに行って集まるんですよね。そこで一緒になにか集めてきたものを食べたり話をしたり一緒に寝たりするわけですけど、そこに僕も時々招かれるようになりまして、一緒にいて、いつも児相（児童相談所）のおじさんは食べ物持って来いよ、というので、かならず何が好きかと聞いてなにか食べ物を持っていって一緒に食べたり飲み飲んだりおしゃべりするんですけど、大概話は恨みつらみから始まるんですね。自分の親、学校の先生の悪口がわーっと延々と続きます。こんなに恨みを持っているのかなーとずーっと続いて、その後自分の将来の話になります。俺大丈夫かなぁ、何処へ行こう、料理屋に勤めたいと思うんだけど大丈夫かなぁとか、自動車の免許を取りたいんだけど大丈夫かなぁという話になるんですけど、みんな勉強できませんのでどうせダメだよなぁと言うんだよね。無免許で捕まったり盗んで捕まったりという経験もみんなあるもんですから、少年院にいくのかなーという話になって。

食堂に行きたい、働きたいという子供たちはすごく多いんですよね。それで一回ちょっと勉強してみようかということで、例えば少年法って読んだことある、と言うと、読んだことないよそんなものというのでじゃあやってみようかといって活字を拡大して、一緒になって読みながら説明してあげるわけですね。飲酒で捕まるとか飲んだとかと言うと未成年は捕まりますよね。それは今でも変わってないんですけど、その文章を読むと捕まるのは子どもというよりはそれを売った人なんですよ。勧めた人なんですよ。そこで初めてみんな気づくんだよね。知らなかったと。売る人がいけないんだといってね。一つずつ読みたい、勉強したいと言うので子どもたちと字の勉強が始まったりするんですね。

子どもたちがどこかに集まるところがほしい、どこかに隠れるようにして集まるのではなく安心して行けるような場所が欲しいと言うので、児童相談所の中に子どもたちが集まる場所や、僕も必ず行ってましたけれど町内会の一室を貸していただいてそこで話し合う、あるいは夜泊まれるような場所、当時は若集宿といってたんですけどね、そう言うものをいくつかつくっていく、それが子どもたちと寄り添うということかなと思うんですけど。その時に僕はソーシャルワーカーと言う言葉と本格的に出会います。

相談員をしていますといろんな話を聞いて答えてあげるんですけど、もうパンクになるんですよ。公務員ですからお金なんてすぐ底をついてしまいますし、エネルギーもなくなってくる。個人ではどんなに頑張っても完結できないところがある。これはどうしても制度を変えていかなければいけない、こういう子どもたちを支えていくための制度・資金援助などがないといけない。あるいは就職をさせるためのシステムがなきゃいけないとか、社会制度そのものを変えていく。ソーシャルワークと言う仕事はいろいろ個人的な相談をしながらそこで終わるんじゃなくて、社会制度を変えていくというところまで一緒にやらないとこれはソーシャルワークではないと。当時カウンセリングも流行り始めていたんですけれども、カウンセリングですと個人の気持ちを少し広くしてあげて、こんなこと気にしなくていいよとやってあげるんですけど、でもそれを超えた重圧が来た時にどうするか、変えられないいんだよね。やっぱりソーシャル・ケースワークでないとダメだなぁと思って、社会そのものをどのように変えていくかと言う視点も一緒に持たないといけないということを、僕はリッチモンド（エリーリッチモンド・一八六一―一九二八・慈善運動セツルンメントの経験者）というアメリカの女性でソーシャルワークの原点を作った人ですが、このソーシャルワークという事を非常に（大事に）感じて、このことと田中正造がやろうとしていたことが重なってくるんですね。この頃、ソーシャルワークの思想と言うものをちゃんとしようとするなら、今自分がやっていることが一体どういう意味を持つのかということをちゃんと知っていなければいけないと思うようになり始めたんですね。それで記録を取り始めました。一人一人の子どもたちや家族のことを、他の誰かに見せるということではなくて、自分の中で丁寧に記録をしていく。当然その時に文化人類学とか民俗学とか社会学の知識がどうしても必要になるので、夜学で昔の東京都立大学、二部がありましたね。素晴らしい人類学の先生で鈴木二郎（一九一六―二〇〇八・著書に「人種と偏見」「民族の共生を求めて」など）さんという素晴らしい人がいたもんですから、その先生の所につきまして夜六時半ぐらいから十時か十一時ぐらいまで都立大学にずっと通ったんです。人類学や民俗学や社会学の基礎的な手ほどきをいろいろしていただき、本もたくさん読みました。

そのことを活用しながら、観察するというかものを見ると言う事の大事さを一生懸命勉強させていただいた。そしてそれ（ケース）を記録すると、記録しているうちに具体的な事実をずーっと並べているんですが共通項が見えてくるんですよ。普遍化できるといいますか、僕の中では思想化すると表現していますが、このことが一体どういう意味を持つのか、何が変われればこれは変わっていくのかっていうことが少し見えてきたという感じがして、記録ってすごく大事だなというのでこの頃は帰ったら必ず記録。誰かが喋ってくれた言葉一つ一つにものすごい意味があるんですね。一人の少年がうなずいていたとか、そこで泣いていたとか、それがものすごい意味があるものですから、それを記録してどうしてあの子はそこで泣いたんだろうとか、あそこでどうしてわざとあんな質問をしたんだろうかと考えていくと、その背景に暮らしがあるんですね。そのとき生きている生活が後ろ側にあって、その生活がそれを言わせている、あるいはそう感じさせている。絶対人のことを信じない、人を信じないというのは、その人だけじゃなくてその裏にある暮らしがそれを生み出しているということが見えてくる。そうすると一人の個人の行動だけではなくその裏側の暮らしをどう記録するかと言うところに移ってくるということがありました。ですから記録するというのが僕の中ではものすごく大事な要素としてでてきたし、さらに生活とか暮らしというのがものすごく重要な意味を持つんだなぁと思ったんですね。

そのころ僕は何回も体を壊しますけれども、その頃は腰痛ももう酷いんですよね。子どもの家に行く時にいろんなお土産を持っていくんですよ、僕は重いものを持って。あの子はこういうものが好きだよなーとか、食べ物はもちろんおもちゃとか本とか絵本とかいっぱい持っていく。リュックと両手にいっぱい持って「玉手箱—っ!」と言って出しながら一緒にやってたんですけれど、それが腰に負担をかけちゃいまして、伸びないというか曲がらない。医者にしょっちゅう行っててけん引で首吊られているんですけれどもどうも治らないんだよね。手術すると言ったら大変なことになってこれは危ないということもあって、その時にやめようかどうしようか悩んでいましてて、もうやめるつもりでいました。ちょっと無理で。でも不思議なことにみんな気がつかないんですよ。今は皆さんもう気がついちゃうかもしれませんが、熱が三十八〜三十九度あるんですよ。それでも仕事に行ってたんですよ。相談にものっているんですよ。暑いから水もガブガブ飲むんですけど、誰も気がつかないで、寒い冬に僕は暑いから腕まくりをしているんですよね。「元気だねぇ冬に腕まくりをしているなんて」と言って誰も気づかない。僕は言わないからね。とにかくいろんなことがあって、その後腰が弱くなって、行く時も腰が曲がっちゃったきり伸びないんですよ。子どもたちの施設を訪ねて行くときも曲がったままでいくわけですよね。何やってるんだよー冗談なのかと言われて、いやいやいやとか言って椅子に座って話をして、そこに入所させたり色々働いていたんですが、これはもうもたないと自分でも思って、手術も難しいということでやめるつもりでおりました。

横浜市立大学と社会臨床学会の活動

自宅で塾でもやるかなーっと考えて、四十代でまだ年も若かったので。その時横浜市立大学と言うところで教員募集をやっているというんですよ。大学の先生だったら楽だよなぁと皆に言っていたんですけどまさかそこに行くとはそのとき思ってもいなくて。その時共同研究をやっていた先生がいらっしゃって、その先生が僕が来たら色々使えると思ったんでしょうけど、来ないかという話があって応募したんです。そうしたらそれがどういう間違いだったのか、学術的な物なんか一つもなかったと思いますけど、今現在一応三十四冊著作がありますけど、市大の時にも結構書いていたんですが、学内で大激論があったと思うんですが、採用しようと。

その時には特に公立大学として現場と地域と大学をどう結ぶかという模索が先生方の中にあったと思うんですね。僕は今でもよく覚えていますけれど、面接の時に「あなたは大学の教員になったとしたらどういうことを理想にするのか」といわれて「地域全体が横浜市立大学だと思います」と言ったんです。横浜中が大学。よく言ったなぁと思いますけどね。どこでも教室なんです、横浜中が教室です、だからどこへでも行きます。教室は来たい人がいたらいつでも入れます、来てもらいますとその時言ったんですよ。そうしたら先生方は「面白い発想だなぁ。これは将来性があるかなー」って、ただそれはすぐに適用できないし、なかなか教員の採用は難しいから、落ちたとしても、みなさんもそう思っていたと思うんですが、落ちたとしても「仲良くやっていきましょうね」と言う話だったんので「ハイよろしくお願いします」と言ったら、三月の中旬ぐらいに決まったっていう報告があって大騒ぎになる。その時は職場もびっくりして、次の後任もいませんので僕は両方掛け持ちだったんです。市大の授業もやるし児童相談所も手伝いに行っていて、身分は変わっちゃいましたけど半分半分でやっていたという時期があるんですけれど、腰が痛かったのは治りました。筋肉もつけなきゃと体操もしましたけど。そんなに過重な肉体労働ではないんですね大学の先生は（会場笑）。知的労働はすごいと思いますけどね、僕はとても追いつかないですけれども。

僕にしかできないことをやろうと思っていたものですから、その時に始めたのは「現場から学ぶ」。沖縄大学に来た時宇井純先生が、現場から学ぶ・患者さんから学ぶという事をずっと本の中でもお話の中でもされていたのですごく嬉しかった。沖大はこれを持ってると思ったんですね。現実から離れて学問は成り立たないと言うことですよ。実際に苦労している方が、むしろ、言い方は悪いんですけど専門家です。今北海道の浦河の方では精神障がい者の方たちが自分たちを軸にして物事を考えたり発想をしていく取り組み（「べてるの家」・当事者による研究や生産活動で知られる）がありますよね。つまり自分たちがプロであると、専門家であると。精神障がいの専門家は自分たちだといって勉強もしながら自分たちのことを語っていらっしゃいますよね。そういうものを感じたものですから、現場とつなぎたいと思って地域でいろんな活動をしました。不登校の子どもたちのサークルを作ったり精神障がい者の人たちの作業所を作ったりして一緒にずっとやっていましたけれども、そういうことと授業をつなげますから学生もみんなそこに行くわけ。実際にいってつながる。

地域そのものが学びの場になったんですけど、その時に丁度中村雄二郎（一九二五―・学術誌「へるめす」元編集者・著書に「かたちのオディッセイ」「悪の哲学ノート」など）さんという哲学者が「臨床の知とは何か（一九九二年）」という本を岩波新書で書いていただきまして、臨床と言うことを哲学的に考察されていたんですね。僕はこれがすごくよくわかりました。最初は臨床医学というお医者さんの領域で始まりますよね。病人がいたときには何も診ないで判断できないですから、聴診器を当てたり触ったり脈をあたったり、触り、話をする。直接触れ合うことによって診断をして行く臨床医学ですよね。心理学でいっても臨床心理学と直接触れ合っていく、知っていく関わっていく。それはただ病室や研究室に来て面接するというだけではなく生活の中に入っちゃったらいいと思って、そのためには「社会」とつけようと思って社会臨床学会というのを立ち上げました。これは和光大学の先生がたが中心だったんですけれども、心理学の先生方がこれまでの臨床心理学会から脱藩して、社会臨床学会というのを作りまして、現在も続いております。僕が沖縄大学に来てすぐの年に沖縄大学でも社会臨床学会の全国集会をやったんです。具体的に起こっている事実から何を見つけ出し学んでいくか、そしてどう社会を変えていけるかと言うことが見えるのが社会臨床。これが僕のソーシャルワークから始まってきた一つの流れの終結だなぁと思って、横浜市立大学にいる時は十年間ずっと、社会臨床研究会を毎週やっておりました。

いろんな現場の方に来てもらって、昔で言いますと宇井純先生が東大で公害原論の講義を夜やっておられたんですけれど、あの時には公害の方たちが全国から集まってきて東京大学で講義されたんですけど、この横浜社会臨床研究会というのは横浜中にいるいろんなところで働いていらっしゃる方達に来てもらって、自分の体験を語り合う、そしてそれを皆が共有するという事をずっとやっていたんです。

六十歳で沖縄大学へ

僕自身もとても楽しかったんですけれども、二〇〇一年九月十一日、アメリカで飛行機が世界貿易センターに突撃しまして、あれを見ていた時に地面の底が抜ける感覚でしたね。もう人間の未来はないかなぁと思って、ものすごく怖かった。人間は大変間違ったことをして来ちゃったなぁという感じですね。そこから受けた衝撃で僕は、人間はもう一度生き直さなければならないというか原点に戻らなければならないと思ったんですね。どうしよう、ここで今大学にいても無理だなぁと思って。その時に、友達がどこか大学の先生になりたいんだけれどどこかないかと言うので、全国から募集要項を大学に送ってきますよね。募集要項いっぱい置いてあるので友人のを探してあげようと思って開けたのが沖縄大学のだった、そこに児童福祉募集と書いてあった。

正直これは沖縄に行けということだなぁと思って（会場笑）僕は家内にすぐ電話をしたんですよ。今友達のを探していたんだけど沖縄大学で児童福祉募集と書いてあるんだけどどうしようかなぁと言ったら、妻は「電話をかけてきたということは行きたいんでしょう（会場笑）、行けば」って言っていただきました。それで二日ぐらいの間に全部書いて、応募してその時面接をして頂いた先生方も何人かいらっしゃると思うんですけど、ありがとうございました。その時、沖縄大学の児童福祉の募集は五十歳未満って書いてあったんです。僕その時六十歳だったんです。全然頭になかったね（会場笑）。それで送ったんですね。そうしたら面接をするという連絡を頂いて、多分大学では募集とは違うということで大激論だったと思うんです。

本当に沖縄大学に救っていただいたと言うか受け入れてくれて本当に感謝していますが、僕はその年二〇〇二年に沖縄大学に来ることになりました。夢のような話で、沖縄大学が持っていた自由さ、すばらしかったですね。学生諸君と過ごすことも本当に楽しかった。

今でもそう思いますけれど本当に楽しくて、ゼミ合宿やったり一緒に語り合ったり日々一緒に悩みを語り合った時というのは本当に素敵で、沖縄大学ってすごいなぁって思いまして。僕はその時に、沖縄大学は日本一の大学だよと言っていたんです。本当にそう思った。日本一の沖縄大学に来れて本当に幸せだったと、皆えーっ？と感じたと思うんだけど（会場笑）本当にそう思っていたんですね。そんなに長くいると思っていなくて、せいぜい五年間でおしまいだなと思っていたら不思議なご縁で十二年間沖縄大学にお世話になりました。本当にいろんなことがありまして、島巡りもその間にしましたし、沖縄の子どもたちの事をいろいろやらせていただいたので子ども史をまとめる（「沖縄・戦後子ども生活史」現代書館・二〇一〇年）ことも一応できたと、こういう流れがあります。

雰囲気が田中正造に似ている小田実さんのこと

あっという間にこの七十二年が経って、気持ちは若い気持ちでいるんですけど、目がだんだん見えなくなりますよと医者から言われていまして、見えなくなっていくとすればその間に自分は何をしたらいいのかというのを考えているところです。僕は今まで見るということを具体的にものを見ることだとずっと思っていたんですけど、この数ヶ月の間だけでいいますと、これから先もっと変化すると思いますけど、見るというのは具体的に目に見えることではなくて、感じるというか目をつぶって見えるものなんですね。

この間ちょっと事情があって東京に家内と一緒に行ったんですけど、その時ホテルに泊まったんですね。最近は昔ほど夢をあんまり見ていないですけど、夜夢を見たんですね。なんとビラが一枚配られてきまして非常にハッキリしている。ビラに小田実（おだまこと・一九三二―二〇〇七）さんの講演会があるって書いてあったんですよ。たぶん同志社大学じゃないかなと思うんですけど、はっきりそういうことまで出てくる。講堂で講演会があるからって書いてあるから小田さんに会いに行こう、もう亡くなっているなんて自分の中ではもう忘れています。僕は階段教室の古い講堂にいくんですね。小田さんはこっちの僕の居るようなところ（教壇）にいるんじゃなくて、階段教室の真ん中あたりの席に毛布か何かをいっぱい体に巻き付けて座っているんですよ。

小田さんだとすぐにわかったんだけど。髪が真っ白なんですね。他には小田さんの面倒を見ていらっしゃった女の人一人以外誰もいなくて、僕は入っていって近い所のいすに座ったんですね。一人しかいないなぁと思って。そしたらその日のレジュメを私に下さるんですよ。手書きなんですね。僕はもう恥ずかしい話をしますけれどもコンピューターがダメなんですよ。どういうわけだか。正直にいいますと機械の前に行くと頭痛くなっちゃうんですね。授業も十二年間ずっと手書きで授業やっていたと思います。本当にすみませんがそうしていました。手書きのレジュメのタイトルに、木偏に「棄」と書いてあるんですよ。これは後で夢が覚めてすぐに辞書を調べるんですけど辞書にないんです。「き」って書いてあるんですよ。

いろいろ小田さんが話し始めるんですけど、「見えないものを見る力、聞こえないものを聞く、忘れられたものを見つけ出す力、これを持って欲しい」って言うんですよ。「僕もいつか忘れられる。見えなくなっていく。でも忘れないで欲しい」とこういう事をとつとつとおっしゃるんですけど、すごくわかるんですね。捨てられていったもの、隠されてしまったもの、忘れられたもの、そこを見捨てないでほしいと言うんですね。大きな樹木もみんな一定の年齢が来ると倒れて朽ちていく。捨てられると。しかし「き」は、木偏に「棄」は、朽ちても蘇る。木が倒れたらそこから新しい芽が生えてくる、朽ちた木からですね。朽ちた大木の中から新しい命がだんだん萌え始めて新しい時代を作るという意味だと僕は聞いていたんです。自分は伝えたいんだと、そのことを伝えたいんだけどあんた一人しかいないという事だと、正確には覚えていないんですけれど。とにかく寂しいと、聞く人がいなくて寂しいと、みんな忙しい時代だなって言うんですよ。みんな忙しくてみんないろんな事で忙しいけれど、いちばん大事な事は見えないものを見る力、聞こえないものを聞く力、忘れられたものを掘り出す力、そして捨てられたものを蘇らせる力、こういうふうに小田さんは繰り返しおっしゃって、そして戦争中の話をぶゎーっとするんです。小田さん僕より十歳位上ですから大阪で戦争中十歳前後だと思うんですけど戦争中、そこで起こった出来事をぶわーっと語るんです。僕は聞きながら涙がボロボロ出てきたんだよね。大変だったろうなぁって自分のことも思い出しますけれどそれ以上に凄かったからね。具体的な事は覚えていないですけどぶわーっと語って、そうして最後に「伝えたいなぁ、このことを残しておきたいなあ、自分もいつか忘れられ捨てられていく。でも残しておきたいなあ」こうおっしゃったんです。

それで僕はみんなに伝えなきゃいけないと思って、みんなを呼んでこようと思ってふと後ろを向いたんです。そうしたら人がびっしりいるんですよ。満員になるぐらいいるんですよ。あれっと思って。僕は立ち上がって他の人にも声をかけようと思って外に出たら外にもいっぱい人が並んでいる。これはなんだろうな、僕はすぐ起きてノートにそのまま書いたんですよ。今小さな個人通信「暮らしのノート」というのを出しているんですけれど、そこにそのまま載せてみたんです。小田さんなんだけど途中から田中正造のような気がしてきたの。だって小田さんの雰囲気が田中正造によく似てると思うんだよね。ちょっとだぶってましたけどね。

今の時代は大変厳しい時代に入っています。沖縄の今の現実というのは沖縄に来て一緒に暮らしてみないと分からなかったことがあまりにも多いんですが、やっぱり地域の皆さん、沖縄の方たちが一生懸命反対をしていても、辺野古でもあれだけの長い期間やっていても、なんと言っていいか切り捨てですよね。本当に申し訳ないという思いでいっぱいですが、そのことでも僕は必ず変わるんだと思っています。僕は沖縄に来させていただいて本当にありがたいと思っていますが、沖縄でこの十二年間経験させてもらった事は僕は忘れないと思いますし、そこで出会った人たちから教えていただいたこと、伝わったことというのは次にまた伝えたいなぁと思っているんですね。

自分がいまできることをする

それで「暮らしへの回帰」ってレジュメで書きました。今まで職業というのが大事だと思っていたんですよ。何の仕事をするかというのが大事だと思って。僕はいろいろな職業をやってきたんだけど、本職というか自分が生涯貫くものというのは具体的な職業とか職場とかということではなくて、本当に貫くもの。それは生きることだと思ったんです。生きる事は全てに貫いている。どんな職場に行こうと生きるということを原点にやらなければいけないということがはっきりしてきたということがあって、生きることが自分の仕事だと。生きることの中でも、食べることから一人と話をすることから誰かを助けることから、いろんなことが入ってるわけです。生きることそのことが仕事だと、自分の中でそうなってきました。数年前に僕の大変親しい友人が、ジャーナリストでそこら中飛び歩いていろんな活動していた方が脳梗塞で倒れまして、身動きできなくなって歩けなくなっちゃって手も使えなくなって、たどたどしい手紙でもう生きてるのが辛いと、死にたいと言って。奥さんもすごく悩んでおられて、食べてくれればいいんだけど食べられないと言っているといったときに僕はどうしようかと思って、どうやって励ましていか分からなくて、その時に口から出まかせに言ったのがこの言葉だったんですね。生きることがあんたの仕事だよと、食べなさいと。

食べることが生きることだろ。食べる、それがあなたの仕事。おトイレいってちゃんと尿を出す事、大便をすること、これがあんたの仕事。それからちょっと立てたら立って一歩二歩歩くこと、それが君の仕事だよって言ったら、その後彼は手紙を下さって、スッキリした、生きることを今までそういうふうに考えていなかった。食事ができなくなったとか今まで他の人がやれているることが自分がやれなくなったことで自分を全否定していた、と。そうじゃなくて今自分ができることをすればいいんだという事を、これは「飢えの構造」で言いましたけど、自分が何かしたくなったときとかやりたくなったときと言うのをやる事ですね。そのことが自分の生きること、それはもう自分の仕事だと、食べることそのことが仕事だと。元気をつけて、一歩でも二歩でも歩くこと、それが仕事というふうに考えていただいたらすごく変わるということで励ましたつもりなんだけど、彼は今立ち直っておられます。いろんな活動に今参加されて、まだお体は不自由ですけど素晴らしいですね。僕の書いた暮らしのノートなんかに非常に的確な文章をいただいて、すごいなぁと思うんですけど、見事に生きておられる。

だから職業ではないんです。職業はできないかもしれませんけど、生きている。そしてそれは間違いなく仕事をしていると今思えて、僕自身も見えなくなったとしても生きられるなぁと感じています。それが僕の仕事なんだと。だからどこか他の人から比べて出来ない事があったりわからないことがあったりしても、自分が今できることをする、精一杯それをすること、それが生きることだし僕の仕事だと思って。今日もこんなたくさんの皆さん達の中でこんな話をさせて頂けるというのもちょっと恥ずかしい話なんですけど、自分の実際の生活は恥ずかしいことだらけなんですけど、嬉しいですね。俺は仕事だと思っています。だからやらせていただけることがあって、自分がやりたかったらそれを積極的にやると言うことでいいのかなぁと思っています。

卒業式は僕も最後になるんで今は頭の中でどういうことを話したらいいのかなと思ってこんなふうに話せたら素敵なんですけど、卒業式ってすごく固くなりますので、緊張しますしなかなかできないでいるんですけど、やっぱりこれですね、「生きること、それが仕事」ということをどうやって具体的に学生諸君に伝えられるかなあと言うことを思っているのと、もう一つ言うと今日受付で売っていただいた大倉直くんの本「命の旅人」の最後のところに書かれていますが、彼の大親友がいまして、加藤史明（かとうふみあき）くんと言う青年がいて、この方は和光大学の学生だったんですけど沖縄大学に内地留学してるんですよね。一年間一緒にいらして新崎先生のゼミにも入って、東京に帰ってから小学校の先生をやっていたんですが、四十そこそこで脳の病気になってしまいまして亡くなるんです。この間大倉直くんと加藤史明くんは親しい仲間だったものですからね、大倉君はしょっちゅう北海道からやってきて彼を見舞い、励まし、メールのやりとりを一生懸命するんですけど彼が亡くなったと言う時に落胆するんですよね。僕も彼のことをよく知っております。加藤史明くんのことをよく知っておりまして、大倉くんが「友人がなくなっちゃってどうしたらいいだろう、どう考えたらいいだろう」と言われたんですね。本のそこだけ読んでみますと、

……野本はしばらく黙っていたが「不条理だよなあ」とつぶやくように口を開いた。野本と比べれば二十七歳も若い男が死んでいこうとしているのだ。私が言葉もなくうなずいていると、野本はこうつづけた。

「人っていうのは人間関係の総和なんだと思うよ。誰かと出会って交流することで、人は変化するよね。それは相手に影響されて、つまり相手の存在が自分の中に入ってくるということでしょう。そのうちにどこまでがもともとの自分で、どこからが相手の影響なのかわから

なくなっていくよね。相手の中にも自分が入っていく、その人のなかでも同じようなことが起こる」

私は無言で野本の話を聞いていた。

「つまり僕の周りにいる人すべての人がぼくの中では生きているし、ぼく自身もみんなのなかで生きている。人って言うのは人間関係の総和なんだ、と」……

（同著「エピローグ」より）

これを大倉君は本に書いてくれて、その友人は亡くなって遺稿集を書いて、それには新崎先生も和光大学の梅原先生と私も、それから堀江邦夫さんって『原発ジプシー』（一九七九年）を書いていただいた方の四人で推薦文を書いたんですけど、彼は亡くなっていくんですけど、その時に彼の亡くなっていくところに大倉君は関わりながら「どこまでが彼でどこまでが自分か分からなくなってきた。そしてお互いの間でいつの間にか相互浸透してきた人生がある。彼は死んでいない」と彼は最後に明言しているんだよね。自分の中に生きている限り彼は生きている、というセリフを言ってくれて、この本を野本さんに献本したいんだけれど加藤史明くんにこの本を読ませたかったと言ってくれました。僕の事を書くといったときに「マニアックなことをやるなあ」って史明君が言ったというのが載っているんですけれど、そういうこともあります。

時代は一斉に変わるかもしれない

僕の今の最後の希望は、一人一人の人間関係の中で本当にお互いが交流できる、そして相手のことが自分のことのように、自分のことが相手のことのように思えるような関係が、多くの人達との間で広がっていくこと、これは戦争とは異質な世界だと思いますけれど、そういうものを小さなところから自分が今いる場所の中から丁寧に作り上げながら、それが社会構造の変化ともつながるかというのが僕の中で大きな課題です。簡単ではないですがそれを丁寧に積み重ねていくことが一つ一つの時代の変化だと思っています。

沖縄には浜比嘉（はまひが）島がありますね、宮城島と大きな海峡がありますけれど、あそこは昔引き潮になると徒歩で渡っていたんですよね。自動車も通っていましたよね。与勝（よかつ）半島の所。ある時に僕お世話になった昔のカミンチュ（神人・巫女）の方で比嘉ハツさんという方が僕を連れて行った時にね、この海が満ち潮になる。どう満潮になっていくか分かるからよく見ておきなさいというんですよ。僕は向こうから波がブーッと来て満ち潮になるなと思っていたら、引き潮になってまったく砂地ですよ、ずーっと一面の砂地。その砂地のあちこちからぴゅっぴゅっぴゅっと水が吹き出すんですよ。小さな泉のようなものがあちこちにちょっちょっと出てくる。あちこちにたったたったたっと出てくる。そうすると近いところと近いところがぴょっとつながるんですよ。そうして大きな水たまりになるんですよ。そこからは早いんだよね、あっという間にぴょっぴょっぴょっぴょっぴょっという間にわっと一面が海になるんです。

時代が変わるっていうことはこういうことだったと、僕は比嘉ハツさんと言うカミンチュの方から教えていただいて、どんなに小さくても自分が今やってることが他の所と繫がっていくということがいつか起こるとすれば、同じ時代に同じことを考えてる人があちこちいたとすれば、時代は一斉に変わるのかもしれないと言う感じがしています。これは沖縄で教えていただいたことで、自分の場所で、自分のいる所で精一杯、精一杯というかあまり力まないでいきますけど、ゆっくり楽しみながら一緒に仲良く生きていこうかなあと思っています。だいたい時間ですよね。どうもありがとうございました。こんなにたくさんの方が、もうじーっと聞いていただいてちょっと疲れたんじゃないかと思いますけど、申し訳ありませんがありがとうございました。この後交流会ですのでその中でゆっくり皆さんと交流をしたいし、私もご挨拶したいと思っていますのでよろしくお願いします。どうもありがとうございました。（会場拍手）

横山正見　加藤先生どうもありがとうございました。なんか僕もしっかり生きたいなと改めて思いました。やっぱり加藤先生の最終講義だなーと思ったのは先生ご自身が見た夢の話をみなさんにするって、こんな最終講義もあるんだなあと思いましたけれども、これが皆さんの何かにつながっているような感じがしました。先生は学長でありまた作家であり、活躍されているんですけども、どこかで放浪者というか旅人というものを持ち続けているんだなあと思いました。それも出会った人のどこかに何かがちょっと残るような旅人なのかなと思いました。すみません、どうもありがとうございました（会場拍手）。ちょっと今日は質疑応答の時間が取れませんので、この後の交流会でやりたいと思います。それと、今日花束やプレゼントをお持ちの方が多数いらっしゃると思いますので、この場でお渡ししたいと思います。隣の教室に置いてある方は今取りに行っていただいていいですか。花束お持ちの方は前に出てきて下さい。それと今日この会場に奥様の晴美様も来られているので一緒に上がっていただきたいのですが、晴美さんよろしいでしょうか、すみません突然で（会場拍手）。

（最終講義記録作成・伊野波信行）

増補改訂版へのあとがき

早いもので沖縄大学を卒業（退職）してから一年余りが経過した。この間、ぼくは体調を整えるため、水泳（水中運動）やヨガなどに通い続け、視力以外は安定してきたように思う。

人は生きて行く限り、社会の中で仕事をしていかなければならず、一般的には企業などの組織の一員とならねばならない。そしてさまざまな制度やきまりなどの制約に従って働かねばならない。

そのため自らが感じること、やりたいことに従うことが難しく、自分自身を抑えて生きることが多くなってしまう。その結果、ストレスをためてしまうことになり、生きる力を失ってしまうことが多くなってしまう。ぼくは七〇歳を越え、仕事をやめ、比較的自由に生きることができるようになった。そして自分の気持に素直に生きたいと思うようになった。

そんな中、ＮＨＫのラジオ深夜便「明日へのことば」への出演依頼を受け、「生きることの意味を問い続けて」というテーマでインタビューを受けることになった。

午前四時からの放送であり、聴く人はいるのかなと思っていたところ、多くの方々から反応があり、驚いている。そのインタビューの中で本書のことを少し話したところ、多くの方から注文があり、今回の増補改訂版の出版につながった。

ラジオ深夜便の担当をしていたいただいた林利昭ディレクターは、ぼくの沖縄大学での最終講義を聴き、今回の企画を立てたということを伺った。

そこで今回の増補版には、二〇一四年二月二五日に行った最終講義を入れることにした。

ぼくにとっては忘れることのできない大切な記録の一つである。

最終講義といえば、二〇〇二年に横浜市立大学をやめる時にもやったことがある。

あの時、ぼくはこう語っている。

「結局、ぼくには生きていることの現実から考えていくしかないこと、またその底には共に生きるという暮らしの思想が存在するというところに到達しています。……ぼくはこれから人類の下意識の島、沖縄でくらします。」

六〇歳で横浜市立大学を退職する時、『出会いと別れの原風景』（新宿書房）と『生きる場からの発想』（社会評論社）の二冊の本が出版された。今回の退職の時には本書と、『命の旅人――野本三吉という生き方』（大倉直著、現代書館）の二冊が出版された。また、今回の増補版と合わせて『希望をつくる島・沖縄』（新宿書房）を書きあげました。

沖縄は今「誇りある豊かさを！」という目標に向って、共に生きる人々が自分たちの暮らしをつくっていくために立ち上がっている。

ぼくも、この志を心に刻み、これからを生きていきたいと思っている。

二〇一五年六月一五日

野本三吉

野本三吉（加藤彰彦）著作一覧

『ぼくは太陽の子どもだった』（写真集）、1969年、青年社
『不可視のコミューン』、1970年、社会評論社
『爆破—人間原型論序説』、1971年、青林堂
『いのちの群れ—共生・共死の原像』、1972年、社会評論社
『裸足の原始人たち—寿地区の子ども達』（第１回日本ノンフィクション賞受賞）、1974年、田畑書店、1996年、新宿書房
『個人誌・生活者—横浜・寿地区からの通信』、1976年、社会評論社
『太陽の自叙伝（小説）』、1976年、柏樹社
『寿生活館ノート』、1977年、田畑書店
『戦後児童生活史』、1981年、協同出版
『地域からの教育づくり』（編著）、1981年、筑摩書房
『邑が蘇えるとき』、1981年、野草社
『親とは何か—Ｎ子への手紙』、1982年、筑摩書房
『風の自叙伝』、1982・85年、新宿書房
『空にでっかい雲がわく』（児童文学）、1983年、フレーベル館
『21世紀の子どもと教育』（対談集）、1985年、社会評論社
『子どものいる風景』、1986年、国土社
『現代子ども・若者考』（編著）、1991年、明石書店
『風になれ子ども達—児童ケースワーカー10年の記録』、1992年、新宿書房
『近代日本児童生活史序説』、1995年、社会評論社
『スウェーデン・社会サービス法・LSS法』＊（編著）、1997年、樹芸書房
『社会福祉事業の歴史』、1998年、明石書店
『福祉における危機管理』＊（編著）、1998年、有斐閣
『父親になるということ』、1999年、海竜社
『子ども観の戦後史』、2007年、現代書館
『生きる場からの発想』、2001年、社会評論社
『公的扶助の戦後史』（編著）、2001年、明石書店
『出会いと別れの原風景—社会福祉ゼミナール10年の記録』、2002年、新宿書房
『個人誌・生活者（1972～2002）』、2003年、社会評論社
『未完の放浪者—魂の通過儀礼』（『野本三吉ノンフィクション選集』全６巻、完結）、2004年、新宿書房
『おきなわ福祉の旅』』＊、2005年、ボーダーインク
『海と島の思想』、2007年、現代書館
『沖縄戦後子ども生活史』、2010年、現代書館
『希望をつくる島・沖縄』、2015年、新宿書房

＊印は加藤彰彦、その他は野本三吉で執筆しています。

『生きる場からの発想——民衆史への回路』

2001年10月30日刊　四六判上製 288頁　定価：本体2300円＋税

野本三吉（のもと・さんきち）

1941 年　東京に生まれる。
1964 年　横浜国立大学卒業後、横浜市内の小学校（川上小、東戸塚小）教諭。
1968 年　教諭を退職し、日本各地の共同体を訪問。『月刊キブツ』編集委員。
1972 年　横浜市民生局職員。横浜市立寿生活館勤務（ソーシャルワーカー）。
1982 年　横浜市立南部児童相談所勤務（児童福祉士）。
1987 年　慶應義塾大学大学院社会学研究科（臨床心理学）国内留学。
1991 年　横浜市立大学文理学部助教授。
1994 年　社会事業大学社会事業研究所研究員。
　　　　横浜市立大学国際文化学部人間科学科教授。
2002 年　沖縄大学人文学部福祉文化科学科教授。
2007 年　沖縄大学人文学部こども文化学科教授。
2010 年　沖縄大学学長。
2014 年　沖縄大学退職、沖縄大学名誉教授。
　　　　NPO 法人ワーカーズコープ顧問。

［増補改訂版］生きること、それがぼくの仕事
――沖縄・暮らしのノート――

2015年 8 月15日　初版第 1 刷発行

著　者：野本三吉
写　真：加藤晴美
装　幀：吉永昌生
発行人：松田健二
発行所：株式会社 社会評論社
東京都文京区本郷2-3-10　☎03（3814）3861　FAX 03（3818）2808
http://www.shahyo.com/
組　版：スマイル企画
印刷・製本：倉敷印刷